暴政

掌控關鍵年代的獨裁風潮，洞悉時代之惡的20堂課

ON TYRANNY

Twenty Lessons
from the
Twentieth Century

Timothy Snyder
提摩希・史奈德

劉維人——譯　許家豪——審訂

在政治上，遭愚弄不是藉口。

——萊謝克·科拉科夫斯基

目次

推薦序1　一本實用的民主防衛教戰手冊　葉浩　7
推薦序2　提供給民主社會抵抗暴政的指南　許家豪　15
序　歷史與暴政　23
第一課　切莫盲從權威　31
第二課　捍衛制度　39
第三課　小心一黨專政　45
第四課　為世界的面貌負責　55
第五課　勿忘專業倫理　63
第六課　小心那些準軍事組織　69
第七課　若你是軍警人員，請時時反思　77
第八課　勇於挺身而出　85

第九課　珍惜我們的語言　97
第十課　相信事實　107
第十一課　當個追求真相的調查者　117
第十二課　望進你我的眼，彼此閒話家常　129
第十三課　親身實踐政治　133
第十四課　維護私人生活　139
第十五課　為好事盡一分力　145
第十六課　學取他國經驗　153
第十七課　注意危險的政治用語　159
第十八課　在難以想像的事發生時保持冷靜　165
第十九課　當個愛國者　177
第二十課　盡你所能保持勇氣　187
結語　歷史與自由　191

推薦序1

一本實用的民主防衛教戰手冊

政治大學政治系副教授　葉浩

本書起源於作者史奈德（Timothy Snyder）在川普當選美國總統之後幾天的一則臉書貼文。該文劈頭就說，美國人並不一定比那些曾經輸給了法西斯、納粹、共產主義的歐洲人聰明到哪裡去，但我們能從他們的經驗當中學到一些教訓，然後開始條列式地提醒人們：切勿過於聽從政府命令、應當守護民主的各種制度、別忘專業倫理、小心政治人物的特定語詞、料想不到的事發生時要保持冷靜、善待我們的語言、懂得挺身而出、相信真相、主動查證；多讓身體也參與政治、上上街頭遊行……等等。

這一則署名耶魯大學歷史系教授的臉書貼文，隨後在網路上瘋狂轉發，幾天之內分享次數破萬，引起媒體關注和討論。雖然不少人認為這不過是一則無法接受川普勝選的臉書崩潰文，但作者愈戰愈勇，接下來的幾個月更是振筆疾書，將臉書上列舉的二十個提醒擴充成這本書，共二十章，每一章講述一個值得記取的歷史教訓。

不意外，《暴政》一書出版之後，再次引起大眾與學界不少討論，媒體上的書評褒貶不一，也不乏同行的專家指出，該書缺乏系統，二十個教訓之間的邏輯關聯不知為何，個別指出的教訓本身也缺少足夠的論證或解釋；更甚者，文中關於善待語言，多跟人聊天並保持眼神接觸之類的提醒，實在不知道與暴政或極權主義有何關聯，且如果真的想對極權主義的根源或本質有更深的理解，不如讀漢娜·鄂蘭（Hannah Arendt）或以撒·柏林（Isaiah Berlin）等政治思想家的著作。

筆者並不否認上述的評論，本書的確沒有提出任何系統性的理論，行文也沒有嚴謹的邏輯論證。但是，這並不意味著這二十個教訓的背後沒有一個關於獨裁專制的系統性理解。關鍵在於作者的書寫意圖，亦即如何避免美國走向德國威瑪共和的後塵，或更直接地說，如何不讓川普成為下一個希特勒。是故，威瑪共和如何在希特勒崛起之後從民主走向獨裁，是貫穿本書的主要敘事。

一九三三年一月三十日，納粹黨領袖希特勒在其他右翼政黨的幫助之下，取得了德國總理職位，並要求國會改選。雖然納粹黨當時是國會第一大黨，但所占席次才三十四％，而左翼的德國社會民主黨和德國共產黨分別占有二十％和十七％，希望國會通過《授權法》讓總理得以不需通過議會立法程序，直接以命令取代法律的希特勒，必須在改選當中大勝，或至少壓制住快速壯大中的共產黨才行。

改選前一週（二月二十七日）發生的國會大樓大火，讓希特勒藉機將矛頭指向共產黨，並於隔天促使總統興登堡（Paul von Hindenburg）簽署了《國會縱火法令》，取消了多項威瑪憲法賦予人民的基本權利與自由。這份緊急命令，成了希特勒對付政敵的工具，不但讓納粹政權在選前逮捕了共產黨領袖且限制其黨員參加選舉，也讓《授權法》

在選後得以通過，甚至在該法案通過後一個月取締了其他政黨，確立了一黨專制。同年年底，國會再次改選，納粹黨取得了所有席次，威瑪共和正式告終。

本書多處提及了希特勒的崛起過程，第十八章更是對於上述國會縱火案有詳細的描述，並以鄂蘭寫於縱火案事件後的這一句話做為結語：「我不再認為有誰可以當個局外人！」

川普的美國與希特勒的德國在多大程度上能做類比，猶待歷史驗證。明確的是，本書是鄂蘭這一句話的長篇注腳。史奈德不僅憂心美國民主即將步入威瑪共和德國的後塵，也認為身處當前民主危機中的美國人，沒有誰是局外人，包括身為歷史學家的他自己。

同樣無疑的是，這也延續了英國歷史學家例如霍布斯邦（Eric Hobsbawm）、保羅·甘迺迪（Paul Kennedy）、賈德（Tony Judt）及其好友艾許（Timothy Garton Ash）等人所展現的公共知識份子典範。史奈德本人在牛津大學取得博士學位，受業於艾許，也曾與賈德合著。臉書貼文是他介入現實政治的一種方式，本書的出版也是一種政治行動——且實踐了本書當中提出的多個教訓，包括（在川普當選之後的）沉著冷靜、勇於挺身而出，願意為世界的樣貌負責，不把歷史研究者必須對史料與證據秉持客觀中立原則的專業倫理，誤用到現實生活中，在面對政治的不公不義時也認為自己必須保持中立，結果成了袖手旁觀的藉口。

順此，我們也多了一個理解本書的角度。根據鄂蘭關於極權主義的研究，其溫床乃是現代社會當中機械式日常生活帶來的疏離感，讓人們對政治冷漠，也因此少了共同守護的理想或高於個人利益之外的價值追求。於是，充滿權力慾的政客得以趁虛而入，例如以恢復民族光榮的口號當作國家政策，以服從法律和效忠黨國來填補道德的真空，最後迎來的結果是政府的公權力滲透進入人民生活的「所有」（total）領域，亦即「極權主義」（totalitarianism）。

史奈德沒有直接論述這樣的溫床，但本書第十四章援引了鄂蘭關於公私領域的劃分，呼籲人們建立一個不讓公權力滲透的私領域，正是為了避免上述情況，而看似與對抗暴政無關的眼神接觸、多參加公益團體等提醒，不外就是為了鞏固這樣的私領域，以及一個相對於政府組織的公民社會。

綜上所述，《暴政》一書二十個教訓的共同指向，是如何建立公民精神以及一個不讓政客或媒體操弄的公民社會，提防黨國體制竊取民主憲政賦予人民的權利與自由，不讓政客將國家占為己有的民主防衛機制。

不管是其他理論多麼精緻細膩的學術專書，都取代不了這樣一本實用的教戰手冊！

推薦序2

提供給民主社會抵抗暴政的指南

中山大學中國與亞太區域研究所兼任助理教授　許家豪

當我看到可以為所欲為的權力與能力被授與任何形式的權威，無論（這個權威）被稱為人民或是君主、民主政體或貴族政體，無論它是在君主國或共和國中運作，我要說：專制的種籽就在那裡，而我寧選擇活在不同的律法之下

——托克維爾，《民主在美國》

在讀者面前的這本小書是作者史奈德教授在二〇一七年的著作。史奈德教授目前擔任耶魯大學歷史學系Richard C. Levin講座教授，他同時也是維也納人文科學學院院士以及美國大屠殺紀念館「良知委員會」的委員。史奈德教授專精二十世紀中歐及東歐史，而他的研究領域也成為他撰寫公共論述的主要啟發。

《暴政》這本小書並不是鉅細靡遺的歷史考掘，而更像是寫給民主社會公民的抵禦暴政指南。對史奈德教授來說，歷史並不只是埋藏於文獻史料中的過去，也是我們正在生活於其中的當下以及對於未來的指引。換句話說，人類過去的政治生活往往可以提供我們對於當下甚至未來政治實踐的反思。在這本書中，史奈德教授預設的讀者是生活在民主社會之中的公民。對即將邁入二十一世紀第二個十年的人們來說，納粹崛起、掌握政權，進而發動世界大戰以及種族屠殺的這段歷史已經遙遠，記憶早已不復清晰。在那些民主的樂觀論者看來，暴政早已走入歷史灰燼，永久絕跡，自由民主成為今天的普世價值。然而，從歷史學家的眼光來看，這樣的觀點不僅過於自大自滿，更忽略了在歷史中民主與暴政相生的事實。

早在一八三五年，法國政治思想家托克維爾（Alexis de Toqueville）在到美國考察這個當時年輕的民主國家後，出版了《民主在美國》（*Democracy in America*）一書。在書中，他便已觀察到民主政體並不能免於暴政的威脅，甚至本身即可能成為暴政的溫床。托克維爾觀察到，在民主社會中，雖然人人都是平等的，但若是每個人都只關注自己的私利而不關心公共生活、只在意自己的小確幸而不願參與公共事務，將導致人人都勢單力薄，甚至開始不假思考地盲從社會公眾的多數意見——無論這些「民意」是否合理或是否侵害了憲法所保障的基本權利。托克維爾稱這種民主社會中可能出現的暴政形式為「民主式的暴政」（democratic despotism）或「多數暴政」（tyranny of majority）。他認為要對抗這種暴政，身為公民，我們必須時時對於任何暴政的種籽保持警醒，我們必須透過關注公共生活、與他人對話、參與公民結社並適時挺身而出，為自己的自由奮戰。

然而，歷史事實證明，人們並未從托克維爾的洞見中學習到這寶貴的一課，而是在數百萬人無辜的犧牲後，才終於醒悟。在二戰前的歐洲——特別是德國——我們見證到了極權政體如何在民主社會中利用群眾的支持攫取一切政治權力，最終導致了慘無人道的大規模種族滅絕。在《暴政》這本書中，史奈德教授運用他的專業，信手拈來許許多多的歷史事實，告誡我們前人曾經犯下的過錯，並且一項一項地提點我們應如何預防再度犯下一樣的錯誤。

不可諱言，史奈德教授寫這本書的動機是出於對於美國民主制度的擔憂，他的行文之中也頻繁的以二〇一六年上任的美國總統川普的言行為例，指出像川普這樣的領袖，挾著民意支持、使用浮誇的政治語言、在國家內部將少數族裔妖魔化、不斷攻擊自己不喜的媒體為「假新聞」，並且數度試圖超越憲政規範的政治強人，極有可能就是美國民主制度開始崩壞的跡象。然而正因為如此，史奈德教授正好就是他這門民主課最好的表率。他振筆直書，正是希望鼓舞人們，切莫在這樣的時代反而對於政治冷感退卻，如同他在本書中簡短卻極具力量的第二十課所說：「如果沒有人願意為了捍衛自由而死，所有人都將死於暴政。」

回顧臺灣，這本書的出版也是適逢其時，在我們之中，許多人似乎開始對於公共事務感到冷感甚至反感、似乎對於民主體制喪失了信心；有些人開始懷念，甚至全心擁戴威權體制、開始滿足於政府偶爾施捨的小確幸、開始相信除了投票之外，政治與自己無關。史奈德教授提醒我們，我們不應該因為習慣了民主生活，就開始卸下心中的防禦，開始遺忘歷史的教訓。相反地，我們應該時時警醒，監督政治領袖的言行，警戒政府或民意機關是否任意擴權。

美國開國元勛麥迪遜（James Madison）在《聯邦黨人文集》（*The*

Federalist Papers）第五十一篇中曾說：「若每個人都是天使，政府也不再是必要的了。若由天使們來統治人們，那麼任何對於政府的內部或外部監督其實都是多餘的。」然而正因為沒有人是天使，我們需要透過制度來制衡權力，需要透過公民的參與來監督權力的濫用。

民主社會不需要聖君賢相，不需要永遠不會犯錯的英明偉大領導人，民主社會真正需要的，是對於手中握有權力的人永遠保持懷疑，嫻熟史奈德教授這二十門寶貴課程，並且隨時有勇氣站出來捍衛自己自由的偉大公民。

|序|

歷史與暴政

歷史不會重複，但它為我們燃起提點的明光。當我們的開國元勛們在論辯憲法內容時，他們從歷史中尋求提示。由於憂心他們擘畫的民主共和國可能會頹亡，他們反思了過去民主與共和政體淪為寡頭政治與帝制的過程。

正如他們所知，亞里斯多德認為社會上的不平等會造成政治不安定，柏拉圖則相信政客會踩著言論自由的階梯、煽動民意，登上領導大位，把自己打造成僭主（tyrants）。為了避免國家沉淪為柏拉圖所說的僭主政體（tyranny），開國元勛們因此建立了一套以法律為基礎的民主共和體制，系統中包含種種權力制衡機制（checks and balances）。他們刻意提防，避免單一個人或單一團體獨攬大權或統治者歪曲法律為己所用。美國在建國之後的許多政治爭辯都涉及了其社會中的暴政

（tyranny）問題，例如廢奴問題、女權爭議即是。

美國政治的悠久傳統之一，正是當我們的政治秩序陷入危機時，人們就會回溯歷史。如果我們擔憂當下的體制可能受到暴政的威脅，就可以依循開國元勛的腳步，反思其他民主與共和國的歷史，從中尋求指引。對如今的我們來說，追溯歷史汲取教訓有其方便之處，那便是與遠古的希臘羅馬先人相比，我們擁有許多晚近的相關事例可供學習；困擾我們的，則是現代民主的歷史也和過去一樣充滿著失敗與傾頹的事例。

打從北美殖民地脫離開國元勛眼中的英國王室「暴政」（tyranni-cal）宣布獨立，歐洲先後經歷了三次重要的民主時刻，分別是：一九一八年第一次世界大戰結束、一九四五年二次大戰落幕，最後則是一九八九年共產政權瓦解。在這些關鍵時刻建立的民主體制中，有許多以失敗告終，且其中某些重要的部分與我們當下的狀況甚為相像。

歷史可以讓我們熟悉當下的脈絡發展，也可以就相似的情境提出警告。在十九世紀末的情況與二十世紀末相仿，全球貿易的發展讓人們對進步抱持期待。而二十世紀初的處境與二十一世紀初相似，這些對進步的期待受到群眾政治新發展的挑戰，因為某些政黨與政治領袖聲稱自己直接代表大眾民意。在一九二〇至一九三〇年代歐洲的民主崩潰，陷入了右翼極權與法西斯統治。一九二二年建立的共產蘇聯，則在一九四〇年代將其政治模式擴展到東歐。二十世紀的歐洲歷史，讓我們看見了社會會崩毀、民主能衰頽、道德可能破滅，而平常百姓可能會有持槍站在殺人坑之上的一天。正由於有這些歷史的積累，今天的我們才能從中理解此般結果的成因。

法西斯主義與共產主義都是對全球化造成如下問題的反動：全球化造成的不平等與無助感如此真實而普遍地呈現在人們眼前，而民主政治卻無能處理這問題。法西斯以集體意志之名拒斥理性，否認客觀事實而喜好領導者們所編織的，將權力還於人民的光榮神話。他們讓全球化的問題浮出檯面，聲稱當時社會的諸多複雜困境皆因全球化對國家不利的陰謀而起。法西斯主義因此成功引領歐洲潮流長達十至二十年，日後其遺留的完整思想遺緒，更隨歷史的腳步日復一日竄長茁壯。共產主義位居要位的時間比法西斯更久，在蘇聯引領潮流近七十年，在東歐則有超過四十年的歷史。共產主義者相信歷史有固定的規律，會引領社會航向固定的未來，故認為須由一群有紀律的政黨菁英引領社會航向既定的方向。

也許我們會傾向於相信，坐擁民主能自動讓國家免於上述威脅，但這是個常見的誤解。事實上，開國元勛的例子讓我們了解到，必須檢視歷史、理解暴政的發生根源，才能找出真正的因應之道。現今的美國人民並不比二十世紀曾目睹法西斯、納粹、共產主義摧毀民主的過程的歐洲人更有智慧。我們的唯一優勢是得以從他們的經驗中學習，而現在正是反思歷史教訓的好時機。這本書呈現給各位的和我們現今情勢息息相關，是自二十世紀提煉出的二十則歷史教訓。

| 第一課 |

切莫盲從權威

大部分威權政體（Authoritarianism）的權力是人民無條件奉上的。在這種時刻，人民會預先設想比現在更高壓的政府會想要什麼，不等政府開口便主動服從。公民的這種行為，讓統治者明白政治權力的威能有多大。

「預期性服從」（Anticipatory obedience）是政治悲劇。最初，也許統治者並不知道人民是否願意在價值或信條上讓步，而新政權在上位之初，也許也未必掌握影響民眾的有效方法。

下述兩件大事發生後都出現了預期性服從，分別是：一九三二年，德國國會大選過後希特勒得以組織納粹政府；一九四六年捷克斯洛伐克國會大選共產黨獲得勝利。在這兩個案例中，都有許多人自願效忠新領袖，其人數之多，納粹與共產黨同樣因此意識到自己可以因此加快變革的腳步，往徹底改變政權（regime change）的方向前進。人們最初輕率的服從之舉，最終迎來了無法挽回的政治後果。

一九三八年年初，希特勒在德國握穩政權，威脅併吞鄰國奧地利。奧地利總理投降後，是奧地利民眾的預期性服從決定了國內猶太人的命運。當地的納粹黨抓住猶太人，逼他們清洗街道，刷去象徵奧地利獨立的標誌。這時至關重要的是，其他非納粹的奧地利人竟饒富興致地在一旁觀看。當握有猶太人財產清單的納粹黨徒盡其所能竊取猶太人的所有物時，同樣關鍵的一點，則是其他非納粹奧地利人竟夥同納粹一起搜刮財物。

根據政治理論家漢娜．鄂蘭的回憶，當時的情況是這樣的：「當德國軍隊進犯奧地利，那些非猶太人開始對猶太人打家劫舍時，奧地利猶太人便紛紛採取自殺手段。」

奧地利人在一九三八年三月的預期性服從，讓納粹高層了解這個國家可以容忍強大的暴政。同年八月，阿道夫・艾希曼（Adolf Eichmann）❶在維也納成立了猶太難民中央辦公室❷。同年十一月，德國納粹以三月的奧地利經驗為基礎，策劃了一場猶太人大屠殺，後人稱之為「水晶之夜」（Kristallnacht）❸。

---

❶ 譯注：納粹黨衛軍（SS）高層，「最終解決方案」（Endlösung）的主要負責人。該行動以滅絕營等等方式對猶太人執行高效率的系統性大屠殺，殺死歐洲地區約三分之二的猶太人。戰後艾希曼在耶路撒冷受審，漢娜・鄂蘭在專書中，評論其行為屬於「平庸的邪惡」。

❷ 譯注：猶太難民中央辦公室（Central Office for Jewish Emigration）是納粹用來驅逐領地內猶太人的機構。艾希曼從猶太富人處奪取資金設立之，將驅逐猶太人事務統一辦理，提高效率。

❸ 譯注：發生於一九三八年十一月九日。名稱源於猶太商店與教堂的玻璃碎片在月光下閃耀著水晶般的光芒。納粹將這次屠殺偽裝成自發性暴動，摧毀大約七千五百家猶太商店，二百座猶太教堂。約三萬猶太人被抓進集中營。

一九四一年德國入侵蘇聯的時候，德國黨衛軍（Schutzstaffel，SS）在上級未發布命令時，就採取了大規模屠殺的手段。他們揣摩上級想要什麼，並展示了自己可以做到什麼程度，結果遠遠超出希特勒所料。預期性服從的初始面貌，就是依循直覺去適應環境變化，不思考自己在做什麼。不過會做這種事情的，難道就只有德國人嗎？耶魯大學心理學家史丹利・米爾格蘭（Stanley Milgram）在思考納粹暴行時設計了一個實驗，想要解釋德國人之所以會服從納粹政權做出那些行為，是因為人類擁有特定的權威性人格（authoritarian personality）[4]。他無法獲准於德國從事該實驗，便改在耶魯大學進行。實驗於一九六一年進行，和艾希曼因為屠殺猶太人而在耶路撒冷受審的時間相當接近。

實驗的受試者是耶魯學生與紐黑文市（New Haven）的居民。米爾格蘭告訴他們這個實驗是要測試電擊與學習之間的關係，請他們電擊隔壁房間的參與者❺。這些「參與者」其實全都是米爾格蘭請來的演員，並不會真的被電擊，只會裝出受到電擊的樣子。當受試者按下「電擊」的按鈕時，便會引發以下的恐怖情況：這些他們不認識且無冤無仇的陌生人，狀似非常痛苦——用力地敲玻璃，說自己的心臟很痛。即便如此，大多數的受試者還是會繼續遵從米爾格蘭的指示，依

❹ 編注：在崇拜權威的同時也恐懼權威，尊敬地位高於自己之人的同時，壓制地位低於自己之人以保持其優越性。

❺ 編注：該實驗除了有受試者（Experimenter）與位於隔壁房間的學習者（Learner），還有引導、督促實驗進行的老師（Teacher）角色。受試者聽從老師的說明，被告知學習者只要答錯就需要被電擊以示懲罰，且會由老師負起相應的責任。

序按下施加更強電力的「電擊」按鈕，直到參與者聽起來像是已失去生命跡象為止。即使是沒有完成全套「電擊」實驗「殺死」參與者而中途退出的受試者，在離開時也沒有詢問隔壁房間的參與者身體狀況如何。

米爾格蘭發現，人類面對新環境與新規則，會變得出乎意料地順從。如果新的當權者要求民眾為了某些新任務去傷害或殘殺他人，民眾自願執行的程度會高得讓人驚訝。他回憶道：「我發現高得強烈的服從命令傾向，讓我認為根本不需要再將實驗移師德國重新驗證。」

| 第二課 |

捍衛制度

制度有助於維持秩序，而制度也需要我們的力量去維護。在視制度為自己的一部分，為體制發聲之前，我們不能說它是「我們的制度」。體制本身無法保護自己，倘若一開始我們未挺身而出守護每個制度的元件，體制便會接二連三崩毀。所以，選一個自己關心的制度，例如：法院體系、報章傳媒、法律、工會—站出來，守護它的價值吧。

我們經常認為即使面對最直接的攻擊，體制也能挺立不毀。納粹黨與希特勒組織政府之後，德國的猶太人也犯過同樣的錯。舉例來說，在一九三三年二月二日，某份德國猶太人主流報紙的社論中，就出現了這種錯置的信任：

> 我們並不認為希特勒先生與他的夥伴在獲得期望已久的權力之後，會真的做出（納粹報紙裡所說的）那些行為。他們並不會一夕之間剝奪憲法賦予德國猶太人的權利，不會把猶太人集中管理，也不會讓暴民把心中的嫉妒與謀殺的衝動宣洩在猶太人身上。他們無法這樣做，因為體制中有些重要的因素可以制衡權力……而且納粹顯然並不希望局勢如此演變。身為一個歐洲強權的執政者，整體情勢會讓他們以道德反思自己過去的敵對態度，

回歸人性中的美善。

這是許多理性群眾在一九三三年抱持的觀點，正如同現今也有許多理性之人相信同樣的事。人們誤以為藉由制度產生的領袖，無法扭曲或破壞體制，即使他們明確的預告眾人他們將摧毀體制，大家也深信他們不會真的這樣做。有時革命分子的確希望能夠畢其功於一役，徹底摧毀所有體制，此即布爾什維克黨之道。有時候體制會喪失活力、無法發揮應有的功能而走回頭路，變得與舊體制如出一轍，如此一來新的掌權者便能控制它而不受其威脅，進而掌握整個體制。此即德國納粹掌權後，喊出的一體化（Gleichschaltung）進程。

納粹勝選之後僅花不到一年就掌握了全德國的權力。一九三三年年末，德國變成了一黨專政國家，所有制度都屈從於其意志。該年十一月，當局為了鞏固新體制而舉行議會改選（沒有反對黨）與公投（「正確」的選項早已決定好了，如此昭昭然）。某些德國猶太人照著當局的意志把票投給了納粹領導人，期盼這樣的輸誠行為能讓他們與新政權站在同一陣線。

可想而知，他們的期望徒然落空。

| 第三課 |

小心一黨專政

政黨並非一開始就具備改造國家或壓制反對者的所有能力。他們利用重大歷史時刻，讓反對者從政治舞台上消失。因此我們必須支持多黨政治體系，守護民主選舉的相關規則，盡可能投下你手中的地方性與全國性的選票，也可以考慮自己出馬競選。

湯瑪斯・傑弗遜（Thomas Jefferson）❶也許並沒有真的說過「自由的代價是永恆的警戒」這句話，但它確實出自他那個時代的其他美國人。如今當我們想起這句話，總會想像自己正義凜然挺身而出，對抗其他被誤導或抱有敵意的人。我們把自己視為民主的堡壘，從山頂的城市眺望四方來犯的威脅。其實這句話的意義和我們對它的認知截然不同：它真正的意思是：有鑑於人類的天性，我們必須保護民主，防止美國人以自由為藉口摧毀它。事實上，廢奴運動家溫德爾・菲利普斯（Wendell Phillips）❷的確說過「自由的代價是永恆的警戒」，他還

❶ 譯注：美國第三任總統。《美國獨立宣言》主要起草人。美國最重要的開國元勛之一。

❷ 譯注：美國廢奴主義鬥士。在內戰時期的著名演講燃起了反奴的狼煙。他認為若要廢除奴隸制、促進種族融合，即使犧牲美國的統一也在所不惜。

說：「民主的果實若不每日摘取便會腐敗。」

現代歐洲民主的紀錄應證了這句名言的智慧。二十世紀的人們為了盡量擴張公民選舉權、建立穩定的民主體制盡了最大努力，然而一次大戰（與二次大戰）後出現的民主，往往卻在單一政黨以選舉與政變結合的方式追索權力之下崩解。

一個因為勝選壯大聲勢、為意識形態所驅動或兩者皆是的政黨，有可能從國家內部改變整個體制。一九三〇與一九四〇年代的納粹黨、法西斯、共產黨都是在勝選之後，結合政治展演、鎮壓，以及分層擊破敵人的「切香腸戰術」（Salami tactics）[3]，逐一消滅反對者。他們轉移大部分民眾的注意力，關押部分反對人士，如此一來剩餘的人便不再是威脅。

大衛．洛奇（David Lodge）某本小說裡的主角說，在最後一次做愛時，你不會知道那是最後一次。投票也是如此。在一九三二年，部分投給納粹的德國人明瞭，眼前的選舉可能是短期內最後一次真正的自由選舉，但大多數人對此一無所知。在一九四六年的捷克斯洛伐克選舉中，當地可能只有少數選民明白自己手中投給共產黨的選票會終結民主體制，大部分的人都以為還有下一次機會。在一九九〇年蘇聯

---

❸ 譯注：一種蠶食鯨吞取得統治權的政戰技巧。源自一九四〇年代匈牙利共產黨領導拉科希．馬卡希（Rákosi Mátyás）名言「要把敵人像切香腸一樣逐次消滅」。他將所有政敵打成「法西斯」。先從右派打起，接著中間派，再打左派，最後讓整個政壇上只剩下擁護自己的共產黨員。

人民代表大會投票時，選民更不會知道祖國自此之後（直至今日）再也沒有自由公平的選舉。世界上的每一場選舉都可能是最後一次，或者至少是投票者人生中的最後一次。納粹一直掌權到一九四五年大戰戰敗為止，共產黨控制捷克斯洛伐克直到一九八九年體制垮台。俄羅斯則在一九九〇年選舉之後便陷入寡頭政治延續至今，而且還試圖以外交政策摧毀其他國家的民主。

獨裁暴政的歷史會不會在美國重演？那些提醒我們「永遠保持警戒」的先人顯然思考過這件事。他們設計民主體制的思維，不是為了彰顯理想中的完美政治狀態，而是為了降低真實人性缺陷帶來的災難。我們就像古希臘人一樣必須面對寡頭政治的威脅，且全球化造成的貧富不均更加劇了這問題的嚴重性。美國人認為政治獻金屬於言論自由的一環，這個奇怪的概念卻讓富商巨賈擁有遠超過一般公民的發言權與投票影響力。我們以為權力制衡機制可以阻止錯誤發生，卻沒想到眼前會出現極為罕見的現象：美國兩大黨中支持度較低的政黨不但把持了聯邦政府從上到下的每個環節，更掌控多數州政府。然而擁有這等控制權的政黨提出的政策卻普遍不受社會上多數民眾擁戴，其中一些政策更是不受歡迎——他們若不是害怕民主的力量，便是刻意在削弱民主。

美國早年有另一句諺語：「年度大選結束之後，暴政就開始了。」

當我們日後回顧美國二〇一六年總統大選時，是否會像俄國人回顧一九九〇年蘇聯人大選舉、捷克人反省一九四六年大選，或德國人反思一九三二年大選那樣呢？目前，這仍然取決於我們的選擇。我們需要付出諸多努力以解決選區重劃[4]的問題，讓每位公民都能得到公平投票的機會，並且讓每張選票都能代表一位公民。我們需要紙本選票，這樣人們便無法用科技的方式對投票結果動手腳，必要時可以隨時重新計票。無論地方或聯邦選舉都能進行這樣的紙本投票作業。如果能夠落實這些改革，我們相信二〇一八年的中期選舉將會是檢驗美國傳統的時刻。正因如此，這期間我們還有許多事要做。

❹編注：「傑利蠑螈」（gerrymander）選區劃分方式指的是利用選區重劃，排除不利某些政黨候選人的選區，確保符合選區內選民傾向的特定候選人當選。其名稱由來於一八一二年麻薩諸塞州州長傑利（Elbridge Thomas Gerry）為了讓所屬的共和黨勝選，把選區劃分成形狀怪異的蠑螈（salamander）形狀。

| 第四課 |

為世界的面貌負責

今日的象徵可能是明日的現實。注意身邊的納粹卐字與各種仇恨標誌。不要別開目光，不要習以為常。伸出手抹去這些標誌，為其他人樹立如此作為的榜樣吧！

生活是政治的，不是因為世界在意你的感受，而是因為這世界對你的所作所為有反應。我們在生活中做的每個微不足道的選擇都是一種投票，或多或少決定了我們未來能不能繼續舉行自由公平的選舉。在日常生活的政治中，我們的話語、姿態或選擇保持沉默都有其影響。二十世紀某些極端（以及沒那麼極端）的事例，能夠告訴我們為何這如此重要。

在史達林統治下的蘇聯宣傳海報上，富農被描繪成豬的模樣——這是去人性化的象徵，在農村的情境中意味著無情的屠宰。時值一九三〇年代初，蘇維埃政權試圖掌控農村，榨取資本以達成快速工業化。擁有比他人更多土地與牲畜的農民，會成為第一個喪失所有的人。若你的鄰人被畫成了豬，你便可以占有他的土地，但占了他人土地後，在這個象徵邏輯下你也會也依序成了下一個受害者。煽動窮人鬥倒富人後，蘇維埃便能奪取所有人的土地建立公社。集體化政策完成後，多數蘇聯農民陷入饑荒。在一九三〇至一九三三年間，蘇聯轄下的烏克蘭、哈薩克、俄羅斯境內數百萬民眾因此毫無尊嚴地慘死。在饑荒結束前，蘇聯人民噬人肉啖人骨以求生存。

一九三三年，蘇聯饑荒問題正達高峰之際，德國納粹上台掌權。在勝利的凱歌中，納粹試圖動員杯葛猶太商店。一開始這項嘗試沒有很成功，但在店家牆面或窗戶上的「猶太」與「亞利安」符碼，卻實際影響了德國的家戶經濟。被漆上「猶太」標誌的店家沒有未來可言，淪為罪犯貪欲的目標。財產一旦被以族裔為由標記，嫉妒便轉變了倫理標準。若商店可以是「猶太」的，那麼其他型態的公司與財產能不能也如此區分呢？希望猶太人消失的心願也許在最初受到壓抑，但後來卻伴隨著貪念而發酵、勃發。在「猶太」店家畫上印記的德國人，因此都成了消滅猶太人過程的一分子，那些做壁上觀的人也不例外。接受這些標誌自然而然成為都市景觀的一部分，事實上已經是在對後來血腥的結果做出的一種妥協。

也許有一天，有人會讓你有宣示以表現忠誠的機會。當那天來臨，請確定你身上的標誌將會包容你的同胞，而非驅逐你的鄰人。即使是小小一枚胸章的歷史也不簡單。在一九三三年德國大選與公投期間，人們別上寫著「同意」字樣的胸章，以示同意德國轉為一黨獨大制。在一九三八年的奧地利，許多之前沒有加入納粹的國民開始配戴納粹卐字胸針。某些乍看之下象徵榮耀的標記，其實可能是驅除異己的濫觴。在一九三〇至一九四〇年代的歐洲，當某些人自願戴上卐字別針，另一群人則被迫戴上猶太的黃星星。

在共產主義的晚近歷史當中，當人民不再相信偉大革命時，為我們提供了關於符號象徵的最後一堂課。即使當人心低迷只求保全之時，公眾符碼仍可支撐暴政統治。一九四六年共產黨贏得捷克斯洛伐克大選，接著在一九四八年發動政變並全然掌控國家，許多捷克斯洛伐克公民欣喜若狂。三十年後，異議分子思想家瓦茨拉夫・哈維爾（Václav Havel）在一九七八年寫下的著作《無權力者的權力》（*The Power of the Powerless*）中，解釋了一個壓迫人民的暴政，如何在其理念與目標都極少人相信的狀態下繼續存在。哈維爾說了一個菜販的小故事：一天，某個菜販在店鋪的窗戶邊擺上一道標語，寫著「全世界的工人，聯合起來！」

這位菜販並非真心相信《共產黨宣言》（*Communist Manifesto*）中的這句口號。他在窗邊擺上標語，只是想要過自己的日子，不受當局打擾。當其他人也學他，一個接著一個在窗邊豎起標語，整個公共場域便布滿了向政府輸誠的標記，反抗便成了不可想像之事。

哈維爾接著指出：

我們知道菜販擺出標語的意義，與標語內容本身毫無關係。但即使如此，正因為這個符碼是如此為眾人熟知，這整件事真正的意義是十分清楚而容易明瞭的：菜販以當局唯一能接受的方式宣示其忠誠；亦即，透過接受事先規範的儀式、接受將表象當作真實，並接受既有的遊戲規則，使得這場遊戲得以繼續，而這也正是它一開始得以出現的原因。

如果沒有任何人參與這場遊戲，哈維爾問道。會怎樣呢？

| 第五課 |

勿忘專業倫理

當政治領袖帶頭作惡時，專業人士公正地行使職責便更顯重要。若沒有律師為虎作倀，就難以顛覆法治國家；若沒有法官點頭，整肅異己的政治判決就無從發生。威權的政府需要聽命行事的公務員做爪牙，每一個集中營管理者都會尋求與喜愛廉價勞力的企業主合作。

漢斯・法蘭克（Hans Frank）在二次大戰之前是希特勒的專屬律師。一九三九年德國入侵波蘭之後，他成為了波蘭占領區的總督；德國殖民波蘭期間，數百萬猶太人與波蘭人遭謀殺。法蘭克曾經誇口說用來公布處決犯人所需的海報數量之多，就算砍光樹木造紙都不夠。他認為法律應當為優越種族服務，凡對種族有利之事均應為律法。正是因為這種觀點，使德國的律師得以自我說服，法律是為了侵略與破壞的計畫服務，而非限制國家權力。

希特勒欽點來負責監督奧地利吞併行動的，是律師阿圖爾・賽斯－英夸特（Arthur Seyß-Inquart），在這之後不久他便推進德國占領荷蘭的行動。在黨衛軍的特別行動隊（Einsatzgruppen）❶裡，由律師擔任指揮官的比例很高，他們的特別任務是屠殺猶太人、吉普賽人、波蘭菁英、共產黨人、殘疾人士……等等。當時德國（與他國）醫生參與了集中營中慘無人道的醫學實驗，德國著名化學公司法本化學（I.G. Farben）等多家德國公司更紛紛剝削集中營中的受刑人、猶太集中營區中的猶太人，以及戰俘等廉價勞力。上至部長下至祕書，各層公務員監督了上述暴行並留下詳盡的紀錄。

如果每個律師都嚴守未經審判不得行刑，每個醫生都遵守未經病患同意不得手術，每個商人都同意禁止奴役他人，每個政府官員都拒絕經手牽涉屠戮人命的公文書，那麼納粹政權當時或許會遭遇更強的抵抗，無法遂行今日我們仍清晰記得的暴行。專業人士有創造各種倫理對話模式的能力，這是原本在孤獨的個體與遙不可及的政府之間難以自行發生的。若專業人士能將自己視為具有共同利益的團體，時時恪守相關法令與規範，他們就會擁有一定的權力。

當有人告訴我們情勢進入例外狀態[2]時，尤其要嚴格恪守專業倫理。世上根本沒有什麼「只是執行命令」[3]之事。如果專業人士讓當下的政治氣氛影響應謹守的倫理原則，那麼，他們便會說出過去自己不可置信之妄語，犯下自己無法想像之惡行。

❶ 譯注：黨衛軍轄下半軍半警的部隊。別動隊不與敵軍交戰，專門針對平民，在境內搜尋處決「反對勢力」。二戰時期德國東部戰線大部分的種族屠殺與滅絕營都由別動隊執行，或有其涉入。

❷ 審訂注：例外狀態意指必須超越法治的非常時刻。

❸ 審訂注：此為納粹指揮官艾希曼之名言。

| 第六課 |

小心那些準軍事組織[1]

當過去自稱反體制的擁槍人士穿起制服，高舉火炬與領袖頭像在街上遊行，末日便不遠了。當擁護領袖的準軍事組織與政府的正規軍警同流，末日已然降臨。

泰半時候，多數政府企求壟斷武力。唯有當政府能合法動用武力，且其使用方式受法律約束時，我們認為理所當然的政治形式才可能成立。倘若國家以外的其他機構也能使用武力，那麼民主選舉、法庭審判、立法、司法，或管理政府的職能就都無法運行。正因如此，想要摧毀民主法治的人士或政黨，會組建或資助暴力組織以干涉政治。這些暴力組織可以變成政黨中的軍事性側翼、政治人物的私人保鑣，或者表面上看來是自發性的人民團體，這類團體通常由特定政黨或政治領袖組織而成。

❶ 編注：準軍事組織（paramilitaries）為職能、結構、所受訓練皆與專業軍隊類似，但不屬於正規軍隊的組織。

武裝團體首先會動搖既有的政治秩序，接著改變其規則。許多右翼武裝組織，例如：二戰時期的羅馬尼亞鐵衛團（Garda de fier）和匈牙利的箭十字軍（Nyilaskereszt）都會恫嚇對手。納粹衝鋒隊（Sturmabteilung, SA）最初是負責在希特勒舉行集會時清除該場地中反對勢力的維安組織，後來發展成衝鋒隊與黨衛軍（Schutzstaffel, SS）兩個準軍事部隊，其令人恐懼的存在感助納粹黨在一九三二、一九三三年的國會大選勝選。

一九三八年，奧地利當地的衝鋒隊趁地方當局政權失靈的時機迅速崛起，搶劫、毆打並羞辱猶太人，也因此轉變了該國的政治局勢，替納粹的吞併預先開路。至於德國集中營這種不適用一切常規的法外之地，則劃歸黨衛軍的管轄之下。二戰時期，黨衛軍將集中營的法外狀態散播到歐洲各個德國占領區。黨衛軍從不合法的暴力集團變成超越法律的武裝力量，最後摧毀了法律。

由於美國聯邦政府會在戰爭中雇用私人軍事保全公司❷，許多州政府也會委託企業治理監獄，武力的私有化在美國已經非常普及。與過去不同的是，有個總統在踏入白宮之後，還意圖維持過去競選時用來驅逐異議分子的私人護衛部隊。

這位總統過去在競選造勢時，不但曾要求保全人員清除集會中的異議分子，更鼓勵台下民眾將意見不同的人請出場外。抗議人士先是

❷審訂注：指像Blackwater這種提供軍事服務的民間公司。

被群眾報以噓聲，再被瘋狂的「USA！USA！」呼聲圍攻，最終被迫離開。在某次造勢場合中，這位總統候選人甚至在台上說：「還有人躲在你們之中。把他揪出來，把他揪出來！」這句話煽動了台下的群眾，他們一邊在人群中搜索可能的異議分子，一邊高喊「USA！USA！」這時候，在台上的候選人又說：「這種活動比無聊的造勢大會好玩多了，對吧？我覺得好玩多了！」❸這個人刻意利用群眾暴力轉變政治氛圍，而他成功了。

如果不僅希望暴力影響政治氛圍還要進一步影響體制，便需要在鼓動群眾情緒與排他的意識形態之外，再加上訓練武裝護衛。這些做法一開始會挑戰軍警執行任務，接著滲透組織，最後則會改變整個軍警系統。

❸ 編注：此為唐納．川普二〇一六年競選美國總統時真實發生的事件。

| 第七課 |

若你是軍警人員
請時時反思

如果你因為職務所需而必須攜帶武器武裝自己，願上帝佑你、守護你的生命。請你務必記得，過去許多邪惡的暴行，都起於軍警人員發現他們開始執行不尋常的任務。如果某天你必須面對相同的情況，請隨時準備好說「不」。

在威權政府中通常都有一群鎮暴特警，他們專門負責驅逐試圖抗議的群眾，此外還有一群祕密警察，他們的任務包含謀殺異議人士和那些被視為敵人之人。我們發現，二十世紀許多大規模暴行，的確都有祕密警察密切牽涉其中，例如一九三七至一九三八年的蘇聯大清洗[1]，以及一九四一至一九四五年納粹德國的猶太人大屠殺。但若我們以為這些暴行是由蘇聯NKVD[2]或者納粹黨衛軍獨自完成的，

[1] 譯注：大清洗（Great Purge）是一九三〇年代史達林統治時期整肅異己的一連串政治迫害與屠殺行動。當局以政治審查、黨內肅清、作秀型政治審判、勞改、死刑等等方式消除國內的反對聲音，迫害無辜的知識分子以及少數族群。因大清洗而死的人數介於六十萬至三百萬之間。

[2] 譯注：NKVD是內務人民委員部（Narodnyi komissariat vnutrennikh del）的縮寫，是史達林時期的祕密警察機關。於該時期負責管理勞改營「古拉格」，在蘇聯大清洗時期肅清屠殺大量無辜人員，同時另負責邊防、諜報、軍紀、國際暗殺等工作。亦是國家安全委員會（KGB）的前身。

這可是大錯特錯。沒有常備警力，還有正規軍隊時不時的支援，上述組織屠殺的人數不可能如此之多。

在蘇聯大清洗時期，根據ＮＫＶＤ官員的紀錄，有六十八萬二千六百九十一人因為可能危害國家而遭處決，其中大多是農民與少數民族人士。在這幾年時間內，ＮＫＶＤ可說是其他組織比不上的，權力最集中、組織最嚴密的暴力組織。槍擊處刑[3]（neck shots）僅能由一小部分人執行，意味著某些ＮＫＶＤ成員可能違背良知地犯下數以千計的政治謀殺案。即便如此，若少了蘇聯各地警察的力量、司法界和公務員的協助，ＮＫＶＤ可能就無法落實如此大規模的屠殺。蘇聯大清洗發生於所有警察被要求從屬ＮＫＶＤ指揮，並協助完成其特殊任務的「例外狀態」（State of Exception）[4]。這些警察雖非主犯，卻提供了犯行中不可或缺的人力。

當我們思及納粹對猶太人的大屠殺時，腦中總是浮現奧斯威辛集中營及機械化的集體處刑。對德國人來說，這是回憶大屠殺最簡便的方式，因為這讓他們得以聲稱，當時幾乎無人確切知曉那些鐵門背後藏著的真相。事實上，大屠殺的起點並非集中營，而是發生於東歐的

❸ 編注：行刑槍手將槍管向斜上瞄準被處刑者的脖子射擊，確保子彈會自眼睛或口腔穿出，如此一來自傷口流出的血少；子彈自頭部穿出流的血較多。

❹ 譯注：例外狀態是哲學家阿岡本（Giorgio Agamben）延續傅柯的生命政治概念所提出的看法。在某些時刻，主權者會將主權置於憲法之上，以不受法律限制的措施治理國家，令公民的生命權被棄置於法律之外。阿岡本認為例外狀態在當代已逐漸成為常態規則，國家成為恐怖主義的變體，經常訴諸例外狀態來維持秩序。

集體處決[5]。某些負責執行屠殺行動的特別行動隊隊長，在戰後的確被押上了紐倫堡大審與西德法庭的被告席，但即使是這些專門設立的審判，也只是在處理真正罪行的九牛一毛而已。實際執行謀殺的絕不只這些納粹黨衛軍指揮官，而是包括了服從命令行事，數以千計的軍警人員。

這不過是個開始。在之後每一場大規模槍決屠殺之中（基輔郊外的猶太裔死者超過三萬三千人[6]，里加城外的亡靈超過兩萬八千人[7]，其他大規模的事件更是不勝枚舉）都有德國常備警力的涉入。整體而言，一般警察殺害猶太人的數目比特別行動隊還多。多數警察並沒有執行這些任務的心理準備。他們發現自己身處不熟悉的境況，他們接到命令前並未預先做任何準備，且並不想因此顯得懦弱。當中有極少數的人拒絕服從殺害猶太人的命令，但並未因此受罰。

某些人行凶是為了謀害他人，但大部分人犯殺戒只是因為擔心自

❺編注：在納粹採用集中營的方式前，是由被泛稱為特別行動隊（Einsatzgruppen）的軍人，追捕德國占領區內的猶太人。特別行動隊的任務始於一九四一年，共有四組，約三千名成員，他們的任務並非戰鬥，而是專門負責肅清占領區的猶太平民。這些射殺行動少有正式紀錄，因此在當時究竟有多少人參與屠殺，又有多少人因此而死，目前仍無法釐清。

❻譯注：一九四一年九月二十九至三十日，納粹在烏克蘭首都基輔城外的娘子谷聚集大量猶太人與弱勢族群進行集體槍殺，史稱娘子谷大屠殺。光是因此而死的猶太人就高達三萬三千七百七十一名。

❼譯注：一九四一年，納粹將拉脫維亞里加市（Riga）的猶太人集中至城外集中營，以快速建造極度擁擠的建物關押之，史稱里加隔離區（Riga Ghetto）。同年十一月三十日與十二月八至九日，納粹將隔離區中關押者驅趕至附近的森林射殺。事件中死亡的猶太人大約二萬四千名。

已成為同伴中的異類。雖然除了服從，顯然仍有其他影響因素，但若沒有這些聽命行事之人，執行大屠殺是不可能的任務。

| 第八課 |

勇於挺身而出

站出來吧，總得有人挺身而出。跟隨他人腳步是十分容易的事。做與眾不同的行為、說不與眾同的話會讓我們不自在，但少了這種不安的感受，自由便不復在。想想羅莎・帕克斯[1]。你立下榜樣的那刻起便打破了現狀的魔咒，而他人將追隨你的腳步。

二戰後，歐美等地的人士創造出抵抗希特勒的英勇神話。然而在一九三〇年代，人們對納粹政權的主流態度其實是妥協與仰慕。到了一九四〇年，絕大多數歐洲人向看似勢不可擋的納粹德國妥協。有影響力的美國人，比如林白（Charles Lindbergh）❷，喊著「美國優先」口號反對與納粹開戰。然而，正是那些在當時代被視作不合群、偏

❶ 譯注：一九五五年十二月一日，黑人羅莎・帕克斯（Rosa Parks）拒絕遵循司機指示，在白人座位已滿的公車上讓位給白人，因而違反法律被警察逮捕，促使長達三百八十一天的「聯合抵制蒙哥馬利公車運動」興起。最後最高法院判定公車司機與其所屬公司的種族隔離舉措違憲。

❷ 譯注：美國著名飛行員。史上第一個不著陸橫越大西洋者。一九三八年接受納粹德國榮譽勛章，事後被批評時又拒絕交還勛章。在美國境內支持孤立主義，反對與納粹開戰，被羅斯福總統質疑忠誠，因而退出陸軍。在珍珠港事件後，以平民顧問身分支援戰事，於太平洋戰區出戰五十次。

執，甚至瘋狂愚蠢的人，那些在世界風雲變色時依然保持初衷之人，成為今日我們紀念、瞻仰的對象。

早在二戰開始之前，就有許多歐洲國家選擇了某些形式的右翼威權體制而拋棄民主。義大利於一九二二年成為史上第一個法西斯國家，並與德國締結軍事盟約。之後在德國承諾保障領土與貿易的前提下，匈牙利、羅馬尼亞、保加利亞也紛紛倒戈。

一九三八年三月德國吞併奧地利時，沒有任何大國強權抗議此事。同年九月，大國勢力——法國、義大利及大不列顛（由當時的英國首相張伯倫〔Neville Chamberlain〕領導）——實際上都在納粹德國割據捷克斯洛伐克時成為了共犯。一九三九年夏季，蘇聯與納粹結盟，紅軍加入德軍入侵波蘭的行列。波蘭政府選擇反抗，並且執行與英法兩國的同盟協議❸，將其捲入戰事。德國獲蘇聯供給食物與燃油之後，在一九四〇年春季入侵並迅速占領了挪威、荷蘭、比利時，甚至法國。同年五月底至六月初，英國撤離了在敦克爾克❹的剩餘遠征軍。

❸編注：英、法兩國分別與波蘭簽訂了軍事同盟協定，同為二戰時同盟國的成員。條約中規定當波蘭遭歐洲國家進犯時，英、法兩國必須予以軍事援助。

❹譯注：一九三九年九月三日，英法兩國因波蘭事件對德宣戰。一九四〇年五月十日德軍出乎聯軍意料繞過馬其諾防線，僅花十多天就穿越法國全境，將聯軍困於法比邊境的法蘭德斯。五月二十六日至六月四日，聯軍集結至附近的敦克爾克港，拋棄所有重裝備，將英、法、比利時近三十四萬大軍撤退至英國本土，史稱敦克爾克戰役。

邱吉爾（Winston Churchill）一九四〇年五月接任首相時，英國處於孤立無援的境地。當時這個國家沒打贏半場有意義的仗，也沒有強力的盟友。英國參戰是為了支援波蘭，但這理由已不復存在。納粹德國與其盟國蘇聯宰制了整個歐洲大陸。蘇聯後來揮軍染指芬蘭，以一九三九年十一月的轟炸赫爾辛基做開場，隔年在邱吉爾走馬上任之後，又吞併波羅的海愛沙尼亞、拉脫維亞、立陶宛三國。至於美國，此時則尚未參戰。

當時希特勒對英國或其殖民地並無特別打算，並且事實上計畫將全球劃分為幾個不同強權的勢力範圍。他期望邱吉爾在法國淪陷之後能妥協，但邱吉爾不從。他對法國喊話：「無論你們怎麼做，我們會永遠、永遠、永遠奮戰下去。」

一九四〇年六月，邱吉爾對下議院表示「不列顛戰役即將展開」❺。德國空軍開始轟炸英國城市。希特勒希望藉此逼迫邱吉爾簽署停戰協議，但他錯估了情勢。這期間的空戰成了日後邱吉爾回憶中「倖存或捐軀都同樣光榮的時刻」，他說：「能夠展現出英國人的樂觀與處變不驚，是我的榮幸。」事實上，邱吉爾本人的態度，也讓英國人開始將自己定義為能夠冷靜對抗邪惡的驕傲民族。其時，政客訴諸國內輿論希望終止戰爭，邱吉爾卻選擇抵抗、從中獲得啟發，最終

---

❺ 譯注：不列顛戰役（Battle of Britain）是二戰期間最大規模的空戰。德國為了登陸英國，需要先取得英國制空權。本戰役的名稱即源自文中所提及的一九四〇年六月十八日下議院演講名句：「魏剛將軍（Maxime Weygand）口中的法國戰役已然結束，但不列顛戰役即將展開。」

獲勝。英國皇家空軍（Royal Air Force，其組成包括兩支波蘭空軍中隊和其他國家的飛官）成功擊退納粹德國空軍；喪失制空權後，即使是希特勒也只能放棄以兩棲作戰進犯大不列顛的大夢。

邱吉爾做了他人沒做的事。他拒絕未戰先降，迫使希特勒改變計畫。當時德國的必要戰略是先移除所有西方反抗勢力，接著（毀棄盟約）揮軍蘇聯，占領蘇聯西側的領土。一九四一年六月，英國戰事尚未結束，德軍便向它的蘇聯盟友開戰了。

此時，柏林政府須同時兼顧兩條戰線，莫斯科與倫敦也因此成了彼此意想不到的盟友。一九四一年十二月，日本轟炸夏威夷珍珠港海軍基地，美國因此參戰。如此一來，莫斯科、華盛頓、倫敦組成了難以撼動的巨大同盟。在眾多盟友的協力之下，三大巨頭聯手打贏了第二次世界大戰。若邱吉爾在一九四〇年時沒有堅持讓英國繼續參戰，就不會有後來的勝利了。

邱吉爾曾說歷史會善待他，因為他曾意欲自行撰寫之。但在他大量的歷史紀錄與回憶錄當中，邱吉爾總把自己的選擇視作不證自明的必然，並且把功勞歸給英國人民與英國的盟友。邱吉爾做的事在今天看來正確而理所當然，然而在當時的情勢下，他必須勇敢地挺身而出。

當然，大不列顛之所以會捲入戰火，是因為波蘭領導人在一九三九年九月選擇繼續奮戰。該年十月，波蘭境內所有公開的武裝反抗都已被德軍壓制。到了一九四〇年，波蘭首都華沙遭德軍占領的情勢，已越來越清楚。

該年，波蘭人特麗莎．裴克洛瓦（Teresa Prekerowa）原本應該自高中畢業。但因德軍入侵，她與家人失去所有財產，被迫搬至華沙租屋居住；她的父親被逮捕、一位叔伯死於戰事、兩位兄弟身陷德軍戰俘營。當時的華沙也因德軍空襲而滿目瘡痍，近二萬五千人因此喪生。

相較於家人朋友，特麗莎這位年輕女孩回應這場悲劇的方式與眾不同。當時，在人們只會自然想到要保全自己的情勢下，特麗莎想的是照顧他人。一九四〇年後半，德軍開始在波蘭占領區建立集中營。同年十月，華沙市與周遭區域的猶太人被強迫移居至城內的特定區域。戰前，特麗莎的一位兄弟與一位猶太女孩及其家人往來友好，這時她注意到許多人對猶太朋友漸漸從生活中消失的情況，採取靜默以對的態度。

一九四〇年，特麗莎瞞著家人，冒著巨大風險潛入華沙集中營十幾次，送食物與藥品給她的朋友與其他處在同樣境況中的猶太人。到了年底，她說服自己兄弟的猶太朋友逃離隔離區，一九四二年，她又協助那女孩的雙親與手足逃亡。一九四二年夏季，德軍在華沙隔離區執行了他們稱為「大行動」（Great Action）的任務，將被隔離在此的二十六萬五千零四十名猶太人，載運至特雷布林卡滅絕營（Treblinka）集體屠殺，並在隔離區就地處死了一萬零三百八十名猶太人。

特麗莎拯救了一個家庭遠離死亡的命運。

日後，特麗莎·裴克洛瓦成為研究大屠殺的歷史學家，撰寫華沙隔離區與其他協助猶太人的人的故事，不過，她傾向不寫自身之事。多年後，有人請她談談自己的經歷，她說自己的行為再平常不過。但在我們眼中，特麗莎卓越不凡——她選擇挺身而出。

| 第九課 |

珍惜我們的語言

切忌人云亦云。要以屬於自己的方式發出話語，就算你想表達的就是他人的說法也一樣。努力與網路保持距離，要勤讀書。

猶太裔的語文學者維多・克蘭普勒（Victor Klemperer）[1]，將他語言學的專業訓練用在研究納粹宣傳手法上。他注意到希特勒使用的語言屏棄了一切正當性反抗的可能性：他口中的「人民」永遠僅指部分特定人士，其他人並不包含在內（美國總統川普也是這麼用的）；與「人民」的衝突總是被稱為「鬥爭」（就像川普總統總是說「人民的勝利」）；自由人試圖以不同的方式認識世界，就是在「誹謗」領袖（或像川普說的那樣，是在「醜化」他）。

[1] 譯注：德國語言學家。納粹期間因猶太人身分失去教職。以筆記方式記錄德國人在納粹期間語言使用方式的改變，整理為《第三帝國的語言》，解釋語言墮落對思想的影響，並呼籲讀者不要跟隨潮流使用時髦詞彙，以免被有心人士操弄。

我們這時代的政客在電視上宣揚陳腔濫調，而即使是期望反對他們意見的人也不斷重複這些話語。電視媒體標榜透過影像挑戰政治語言，但一個又一個接連出現的畫面，卻可能妨礙我們的辨識能力。每件事都發生得很快，但實際上卻沒有鑑別度，沒有一件事是「真正發生過」的。直到被另一則新聞取代前，每則電視新聞都是「重大消息」。資訊浪花不斷襲向我們，我們卻永遠無法見識這資訊汪洋的全貌。

要能掌握事件的樣貌及意義，就需要語詞及概念，而這在我們著迷於視覺刺激時是得不到的。觀看電視新聞，有時不過就像是看著另一個人盯著照片瞧。我們將這種集體出神的狀態視為理所當然，已漸漸沉迷其中。

描述極權主義的經典小說早已在半個多世紀前就提出了警告，說螢幕將主宰一切，書籍會被貶抑、語詞會萎縮，也使思考變得更加困難。在雷・布萊伯利（Ray Bradbury）一九五三年出版的《華氏四五一度》（*Fahrenheit 451*）裡，在多數市民觀賞互動式電視的時候，「打火員」則在四處搜索、焚毀書籍；在喬治・歐威爾（George Orwell）一九四九年出版的《一九八四》裡，書籍是違法的，電視則是雙向的，可讓政府時刻監控人民。在《一九八四》中，視覺傳媒使用的語詞高度受限，人民逐漸失去可以反思當下、回憶過去並思考未來的觀念。政府的其中一個計畫，就是每次在官方認可的辭典改版時，刪除更多收錄的字詞，進一步讓人民的語言越來越貧乏。

盯著螢幕看這件事也許無法避免，但除非我們已經在別的地方建立自己的精神武裝，否則螢幕媒介的二維世界將失去意義。當我們只會複製日常傳播媒體上的語言與字彙，便已然拋棄了更大的思考框架。要擴建思考框架，我們需要更多概念，而要獲取更多概念，我們就必須閱讀。因此請把螢幕搬出房間，在你的周圍放滿書吧！歐威爾與布萊伯利筆下的角色無法這樣做——但我們仍然可以。

要讀怎樣的書呢？一本優秀的小說能讓我們思考善惡的灰色地帶，學習判斷他人的意圖。在眼下的時代，杜思妥也夫斯基（Fyodor Dostoyevsky）的《卡拉馬助夫兄弟們》（*The Brothers Karamazov*）和米蘭．昆德拉的《生命中不能承受之輕》（*Nesnesitelná lehkost bytí*）是不錯的選擇。辛克萊．路易斯（Sinclair Lewis）的《不可能在這裡發生》

(*It Can't Happen Here*)❷或許藝術高度尚不足，但這些經典從來不會落伍；另一個更好的選擇是菲利浦·羅斯(Philip Roth)的《反美陰謀》(*The Plot Against America*)。還有一本全美青少年皆知的小說也呈現了暴政與反抗的樣貌——J·K·羅琳(J. K. Rowling)的《哈利波特7：死神的聖物》(*Harry Potter and the Deathly Hallows*)。如果你或朋友、你的孩子第一次讀這本書時沒有讀出這層意義，那麼它值得再讀一次。

某些政治與歷史文本也能讓人思考相關議題：例如歐威爾的〈政治與英語〉(Politics and the English Language, 1946)、克蘭普勒的《第

---

❷ 譯注：本書由於呼應川普當選美國總統的情勢，於大選後衝上了暢銷榜。

三帝國的語言》（*Lingua Tertii Imperii: Notizbuch eines Philologen*, 1947）、漢娜·鄂蘭（Hannah Arendt）的《極權主義的起源》（*The Origins of Totalitarianism*, 1951）、阿爾貝·卡繆（Albert Camus）的《反抗者》（*L'Homme révolté*, 1951）、切斯瓦夫·米沃什（Czesław Miłosz）的《被禁錮的心靈》（*Zniewolony umysł*, 1953）、瓦茨拉夫·哈維爾的〈無權力者的權力〉（Moc bezmocných, 1978）、萊謝克·科拉科夫斯基的〈如何當個「保守自由社會主義者」〉（How to Be a Conservative-Liberal-Socialist, 1978）、提摩西·賈頓·艾許（Timothy Garton Ash）的《塞翁失馬》（*The Uses of Adversity*, 1989）、東尼·賈德（Tony Judt）的《責任的重擔》（*The Burden of Responsibility*, 1998）、克里斯托弗·布朗寧（Christopher Browning）的《凡夫俗子》（*Ordinary Men*, 1992），以及彼得·波莫蘭契夫（Peter Pomerantsev）的《俄羅斯，實境秀》

（*Nothing Is True and Everything Is Possible*, 2014）。

基督教的信徒也可以回去翻閱經典，這些經書從不落伍。耶穌布道時說：「我又告訴你們，駱駝穿過針眼，比有錢的人進神的國還容易呢[3]！」我們應當謙遜，因為「凡高抬自己的，必被降卑；凡自己謙卑的，必被升高[4]」。當然，我們也必須思量什麼為真、什麼為假：「你們必定認識真理，真理必定使你們自由[5]。」

[3]《馬太福音》，19:24。此處均採新譯本。
[4]《馬太福音》，23:12。
[5]《約翰福音》，8:32。

| 第十課 |

相信事實

捨棄事實就是捨棄自由。若沒有什麼是真的，那就無人能批判強權，因為再也沒有必要這樣做了。若沒有什麼是真的，那一切就都只是奇觀。屆時，最富之人會買下最炫目的聚光燈照耀自己。

當你不再區分自己想聽的話以及實話的時候，便已臣服於暴政。這種棄事實於不顧的態度可能令人覺得自然而然又愉悅，但代價是你不再是獨立的個體——一切以獨立個體為基礎的政治系統也均將崩毀。極權主義觀察者們，例如維多．克蘭普勒，曾指出真相會在四種不同的模式下死亡；這四種模式如今的我們皆已親眼目睹。

第一種模式是公開敵視可驗證的真相，視虛構的故事與謊言宛如事實。

美國總統川普經常如此，且次數頻繁、節奏之快。二〇一六年大選期間，有人嘗試檢視他的發言，發現他引述的資料有七十八％都是假的。這比率之高，使得正確的言論反而像是在邁向全然虛構世界途中的失誤。貶低真實世界的同時，一個與現實相反的虛構世界於焉創建。

第二種模式是薩滿咒語般的語言。

正如克蘭普勒指出的，法西斯風格仰賴的是「無止盡的重複」，旨在使虛構之事狀似合理、違法之事顯得誘人。藉由有系統地使用「說謊泰德」、「騙子希拉蕊」[1]這些暱稱，川普將某些或許更適合用來描述他自己的特質用來形容他人。透過在推特上不斷重複提及這些綽號，這位美國總統將有血有肉的人轉化為令群眾琅琅上口的刻板印象。他的造勢大會不斷重複「築起長城！」（Build that wall）[2]、「把她（希拉蕊）關起來！」（Lock her up）[3]這些口號並未提供任何具體的政策，卻極為誇張地建立起候選人與支持者之間的連結。

第三種模式稱為「魔術性思維」（magical thinking），或者說是樂於自相矛盾。

---

❶ 譯注：「說謊泰德」（Lyin' Ted）指泰德・克魯茲（Ted Cruz），共和黨德州聯邦參議員，他在二〇一六年與川普角逐共和黨總統候選人。「騙子希拉蕊」（Crooked Hillary）指希拉蕊・柯林頓（Hillary Clinton）。民主黨前紐約州聯邦參議員、美國前國務卿。二〇一六年代表民主黨參選總統。

❷ 譯注：川普在競選期間屢次表示要在美墨邊界築實體圍牆，阻擋墨西哥非法移民入境。

❸ 譯注：此處指「電郵門」（emil-gate）事件；希拉蕊以私人信箱辦公，使國家機密恐有洩漏疑慮。

川普總統競選時的承諾包括替所有人減稅、清償所有國債、同時增加社會福利與國防支出。這些選舉支票本身自相矛盾，聽起來就像是農夫說他要從雞舍拿一顆蛋，水煮這顆蛋給太太吃，又同時做成溫泉蛋給孩子吃，最後還要把同一顆蛋還給母雞，照看牠孵出幼雛。

只有公然棄理智如敝屣之人，才可能相信如此不實且極端的謊言。克蘭普勒說過一則他在一九三三年失去朋友的故事，如今將之放在魔術性思維的一環裡思考，聽來真實得讓人毛骨悚然。當時他教過的一位學生誠心希望他「完全臣服於自己的感覺，且永遠專心想著元首的偉大，不要在意當下的不適感受」。十二年後，當一切暴行過去，在德國戰敗已成定局的戰爭尾聲，一名截肢的士兵告訴克蘭普勒：「希特勒從沒說過一句謊話。我相信希特勒。」

最後一種模式是錯置的信仰。

當總統說「我一個人就能解決」、「我就是你們的聲音」時，這正是一種自我造神的現象。當信仰以這種方式自天堂降至地面，就再也沒有空間能容納渺小而真實的個人判斷與經驗了。讓克蘭普勒感到恐懼的是，這種轉變一旦發生就似乎無法逆轉。一旦真理不再緣於事實而來自天啟，證據就變得無關緊要。戰爭尾聲時，一位工人告訴克蘭普勒：「理解是沒有用的，你要有信仰才有用。而我相信的是元首大人。」

羅馬尼亞的戲劇巨匠尤金．尤涅斯柯（Eugène Ionesco）在一九三〇年代親眼看著朋友接二連三被法西斯的政治語言擄獲。這些經驗在日後成為他一九五九年荒誕劇《犀牛》（*Rhinocéros*）的創作源頭；劇中，相信政治宣傳的人全都變成了巨大有角的野獸。尤涅斯柯就過去的個人經驗寫道：

> 大學教授、學生和知識分子正一個接一個地變成納粹、變成鐵衛團（Iron Guards）。一開始的時候，他們當然都不是納粹分子。我們大概有十五個人聚在一起討論，尋找對抗他們宣傳的論述。這很困難……隨著時間過去，其中一位朋友說：「先強調一下，我不認同他們，不過在某些問題上我還是得承認他們說得不錯，例如猶太人……」這就是受感染的徵兆。三週後，這個人就會變成納粹。他已被話術擄獲、接受一切，變成了一隻犀牛。到最後，僅剩三或四個人還在繼續抵抗。

尤涅斯柯的目的是幫助我們看清，無論宣傳口號實際上多麼荒誕，信者皆認為其再正常不過。利用荒謬的犀牛意象，尤涅斯柯試圖震撼觀眾，讓他們注意到眼前真正發生的事是什麼。如今，犀牛在我們腦中的草原狂竄。我們發現自己相當關注所謂的「後真相」（post-truth）；而且經常認為這種鄙視經驗事實、建構另類真實的作風很新潮，或很後現代。然而這些現象早在喬治・歐威爾七十年前的「雙重思考」（doublethink）[4]概念中就幾乎都提過了。「後真相」的哲學思

[4] 譯注：雙重思考（doublethink）源自歐威爾小說《一九八四》。書中敘述：「雙重思考就是一個人心中可以同時持有兩種矛盾的信念，而且兩者都接受……一邊蓄意說謊，一邊真心相信謊言。」

維，完全重現法西斯對真實的態度——而這就是為什麼我們的世界中再沒有什麼能讓克蘭普勒或尤涅斯柯感到意外了。

法西斯主義者對日常生活的真實嗤之以鼻，喜歡一些猶如新興宗教般縈繞人心的口號，比起真正的歷史與新聞，他們更喜歡編造神話。他們利用新媒體的力量——在當時是無線電廣播——在民眾有時間弄清楚事實之前先敲響政治宣傳的鼓聲、煽動人們的情緒。現在我們所處的時代就如同前述的時代，許多民眾開始對一個有嚴重瑕疵的領導者的信仰與對於我們所共享的經驗事實之間，產生了嚴重的混淆。

後真相，正是法西斯的前奏曲。

｜第十一課｜

當個追求真相的調查者

為了自己好，弄清事情的原委吧。多花點時間閱讀長文、訂閱深入調查事件的平面媒體。意識到網路上有些東西是會傷害自己、多關注那些調查政治宣傳活動的網站（當中某些網站位於國外）。與他人溝通時，要為自己傳達的訊息負起責任。

「真相是什麼？」

有時候人們問這種問題，是因為他們希望自己可以什麼都不做。即使在我們與同胞公民們逐漸陷入冷漠的泥淖之際，玩世不恭的態度仍會讓我們覺得自己新潮而另類。正是分辨事實的能力讓你得以成為獨立的個體，對常識的集體信任成就了社會。每個調查真相的獨立個體，都是共同建造社會的公民。不喜歡這些調查者的領袖，都是潛在的獨裁暴君。

川普總統在競選期間曾在某個俄羅斯官方的宣傳管道上批評國內媒體，稱其「不誠實的程度簡直不可思議」。他禁止許多記者進入造勢大會，並經常激起群眾對記者的厭惡之情。如同許多獨裁政權的領袖，他承諾會透過立法禁止批評以箝制言論自由。他和希特勒一樣，說那些不合己意的事實陳述是「謊言」，將媒體報導視為對他個人的攻擊。他對網路比較友善，因為那是他獲取錯誤資訊的源頭，並將這些不實消息散播給百萬大眾的工具。

一九七一年，政治理論家漢娜・鄂蘭在思考美國政府的越戰謊言時，將信心寄託在真相與生俱來的力量上以戰勝自由社會中的謊言：

在正常狀況下，謊言終將是事實的手下敗將，因為事實是無可替代的；事實的存在是如此無垠無涯，無論經驗老到的騙徒編織多麼宏大的謊言都不夠，即便藉電腦運算的力量協助掩蓋真相，也是徒勞無功。

這段話當中關於電腦的部分已不再準確。二〇一六年的美國總統大選中，二維網路世界的重要性已經超過了三維的人際交流網絡。那些挨家挨戶上門拉票的人，在選民臉上看見了驚訝神情；這些美國公民沒有想過自己必須與有血有肉的人討論政治，而不是在電腦前讀臉書餵養的文章。如今，在白日陽光無法觸及的二維網路世界裡，出現了新興群體——世界觀別樹一格的網路部落，且樂於受操控（沒錯，你可以在網路上找到這麼一個陰謀論：讓你維持上線的狀態，是為了尋覓更多的陰謀論）。

我們需要平面媒體記者，如此一來報導故事才能在紙本與讀者的心中逐步開展。舉例來說，川普總統說女人「應該待在家裡」、懷孕對雇傭關係來說是一種「不便」、媽媽們在職場「無法百分之百專注」、墮胎的女性應該受罰、女性是「懶鬼」、「母豬」、「母狗」，而且性侵女性是可以接受的？這些話究竟代表了什麼？總統名下的公司中有六間破產[1]是什麼意思？俄羅斯與哈薩克的祕密資金挹注總統的企業[2]又是怎麼回事？

我們可以在不同媒體上了解這些消息。然而當這些資訊透過螢幕傳遞時，我們會傾向於被噬血圍觀的邏輯思維吸引。只要知悉一則醜聞，我們就會想聽更多。

一旦潛意識接受新聞裡的一切只不過是實境秀，與真實世界無關，世上就再也沒有任何媒體圖像能夠在政治上威脅總統了。像這樣的實境秀，必須每一集都有比之前更大的戲劇張力。假設我們發現總統在一段影片中跳著哥薩克舞蹈，普亭則在一旁拍手叫好，我們可能也只會想看到類似的影片，只不過這回是希望總統能穿上大熊裝並叼著俄羅斯盧布跳舞。

優秀的紙媒記者，讓我們得以為自身與國家思考看似個別獨立的消息背後的意義。雖然轉貼文章這事人人都做得到，但新聞調查與撰

❶ 譯注：二〇一六年，希拉蕊．柯林頓公開聲稱川普的公司聲請破產六次，經美國查證平台PolitiFact.com調查，她的指控為真。一九九〇至一九九二年聲請四次，二〇〇四年一次，二〇〇九年一次。

❷ 譯注：二〇一六年四月，《紐約時報》報導川普名下的旅館Trump SoHo開發時有罪犯祕密投資，以及俄羅斯與哈薩克的資金祕密挹注。

寫可是需要投注大量時間與金錢的苦差事。在你嘲笑「主流媒體」之前，請留意它們如今已不再是「主流」了。現今嘲笑媒體才是又主流又簡單的事，而實際的新聞工作卻是步調緊繃、百般困難的。

試著自己寫一篇正式新聞報導，在真實世界做做看以下工作，你就會知道難度有多高：四處移動、進行訪問、與提供消息者維持關係、調查相關檔案紀錄、確認每一筆資料正確與否、不斷修稿，一切都在緊張的步調中進行，毫無延誤的空間。如果你發現自己喜歡這種工作，那麼就創一個部落格，繼續寫下去吧！但同時請給予新聞從業人員一些掌聲。

記者並不完美，至少不比其他行業的人更完美。但堅守新聞倫理的記者寫出的文章，品質還是比那些沒操守的同業好得多。

我們覺得付錢給水管技師或修車師傅是應該的，但卻要求新聞免費。不付錢給水管工與技師，我們就喝不到水、開不了車。既然如此，為什麼會認為自己的政治判斷不需要花費一分一毛的投資就能形塑呢？只願意付出一分錢，就只能得到一分貨。

若我們真的追求真相，網路就會給予我們令人豔羨的強大傳播力量。在本著作提及的政權則全然不具備此種力量。本書的卷首詞引自漢娜・鄂蘭的〈我們這群難民〉（We Refugees）；這本小冊子是她逃離殺人如麻的納粹政權後寫下的驚人作品。而那句話則源自萊謝克・科拉科夫斯基（Leszek Kołakowski），他是一名偉大的波蘭哲學家兼歷史學家，因為出言批評共產政權而失去了華沙大學教職，著述也被禁止出版。

如今，維多．克蘭普勒這樣的智者廣受景仰，但他之所以被人記得，卻是因為他在納粹政權下不屈不撓地偷偷寫著祕密日記。克蘭普勒用這種方式活下去，他說：「我的日記就像走鋼索的平衡棒，如果沒有它，我早就墜落了千百萬次。」哈維爾是一九七〇年代反共人士之中最重要的思想家，他將自己最重要的文章〈無權力者的權力〉，獻給了一位被捷克斯洛伐克共產政府祕密警察審問後不久便死去的哲學家。在共產時期的捷克斯洛伐克，這本小冊子只能印行寥寥數份，透過非法管道流通。當時在東歐，人們循俄國異議分子的說法，稱這種刊物為「地下出版品」（samizdat）。

哈維爾曾寫道：「如果維繫謊言是整個體系最重要的支柱，那麼也就不難想像，對這一切的最根本威脅便是活在真相之中。」

既然這是個人人皆媒體的網路世代，那麼每個人對於呈現公共領域中的真實都負有一些個人責任。若我們對追尋真相一事嚴肅以對，就能利用網路掀起一場小小的革命；若你會自己核查消息來源，就不會轉發假新聞給別人；若你追蹤的是值得信任的記者，你也可以將他們所知的傳播給別人；如果你用推特轉發的消息，全都是遵循報導準則的記者寫的，你應該也比較不用降低自己的智商跟聊天機器人、酸民對戰。

我們無法得見自己傳布的假資訊會傷害到誰，但這並不表示我們的作為不會危害他人。這就像開車，我們可能看不見其他駕駛人，但知道不要撞別人的車。我們明白，正因為知道傷害都是雙向的，所以我們每天都在看不見他人的情況下，不傷害他人，也保護他人免受傷害。同樣地，即使可能見不到坐在電腦前的他或她是何模樣，我們依然對於他們閱讀到的文字負有一些責任。

如果我們能夠避免對網路上看不見的他人施加語言暴力，也會影響別人做相同的事。屆時，我們的網路也許就不會再讓一切看起來像個巨大、血腥的意外現場。

| 第十二課 |

望進你我的眼
彼此閒話家常

這不只是禮貌，而是每位公民與負責任社會成員的分內事。這也是個讓你與周遭保持聯繫、打破社會隔閡，並了解誰值得、誰不值得信任的方法。如果我們已經進入到一個彼此不信任的文化氛圍，你一定會想知道自己生活中遇到的人都在想什麼。

暴政曾在二十世紀歐洲的不同時間、地區多次興起，但所有受難者的記憶中，都有一段相同的溫柔片刻。無論這回憶是在一九二〇年代法西斯的義大利、一九三〇年代的納粹德國、一九三七至一九三八年的蘇聯大清洗時期，還是一九四〇至一九五〇年代的共產東歐，生活在鎮壓恐懼中的人民都記得鄰居對待自己的方式。

一抹微笑、一次握手、一句見面的問候，這些一般狀況下平凡無奇的舉動，在那樣的局勢中變得無比重要。當朋友、同事和相熟的人刻意別開視線，或轉身邁向對街避免與你碰面，恐懼便於焉滋長。你可能不確定誰會在當前或未來的美國大街上覺得自己受到威脅，但只要你充滿正能量，肯定能讓某些人覺得好受些。

在最險惡的時局成功逃離暴政的倖存者，通常都知道自己能信任哪些人。

老友是你能仰賴的最後政治依靠，而結交新朋友，則是改變現狀的第一步。

| 第十三課 |

親身實踐政治

強權希望你的軀體癱軟在椅子上，情緒則消散於螢幕。所以說，出門去吧！置身於滿是陌生人的陌生場域。結交新朋友，和他們一塊行動。

反抗活動要成功，必須先跨越兩道防線。首先，變革的想法必須吸引來自不同背景、非安於現狀的人。其次，人們必須走出家門，置身於陌生群體之中。

我們可以利用社群媒體組織抗議活動，但若沒有走上街頭，就不會產生任何真正效果。如果獨裁暴君不覺得自己的行為會在三度空間的現實世界中引發任何不良後果，就不會有任何改變。

一九八〇至一九八一年波蘭團結工聯（Solidarność）的工人運動，是人民反抗共產政權的一個最佳範例：抗議者們是由工人、專業人士、羅馬天主教會人士、民間團體共同組成的聯盟。團結工聯的領導人在共產黨統治下學到慘痛教訓。一九六八年，政府當局煽動工人對抗抗議學生；一九七〇年，當波羅的海格但斯克（Gdańsk）海邊造船廠的工人發起抗爭遭政府血腥鎮壓時，就輪到工人覺得孤立無援了[1]。而到了一九七六年，換成知識分子和專業人士組織起來，支持被政府壓迫的工人。組織的成員既有左派也有右派人士；既有宗教信徒，也有無神論者。他們在其他情境下不可能相識，卻因為這件事聚在一起，在工人之間建立起信任。

當一九八〇年波羅的海海岸的造船廠工人再次發起抗爭時，許多律師、學者以及協助工人發聲的民眾紛紛加入，造就了團結工聯，並讓政府當局承諾關注勞工權益[2]。團結工聯合法活動了十六個月，有千萬名波蘭人加入；在罷工、遊行及街頭示威中，人與人間誕生了數不盡的新友誼。波蘭共產當局在一九八一年以宣布戒嚴的方式，結束了團結工聯的社會運動。但八年後，當共產黨在一九八九年需要藉著與反對派談判安撫民心時，只能回頭尋求工聯的力量❸。團結工聯堅持以選舉的方式解決困境，而他們在這場選戰中大獲全勝❹。此為共產政權的末日開端；先是波蘭，再來是東歐，最終便是蘇聯的解體。

---

❶ 譯注：一九七〇年，格但斯克市的造船廠工人發起罷工，抗議政府大幅急漲民生物資價格。政府以軍隊開槍鎮壓，造成四十二人喪生，千名以上民眾受傷。

❷ 譯注：一九八〇年波蘭政府爆發經濟危機，決定降低工資並提高物價。造船廠工人再次發起罷工，影響產業擴及全波蘭。團結工聯是勞工代表組成的全國性工會組織，成員人數占全國人口的四分之一。

❸ 編注：指的是波蘭圓桌會議，因為前面的罷工與團結工聯的運動興起的風潮煽風點火了反共情緒，統一工人黨一黨專政的波蘭政府，不得不與反對派對談，希望能達成協議。

❹ 編注：波蘭圓桌會議後，確定了工會合法、政體的三權分立原則、由國民大會決定人選的總統與議會兩院制。統一工人黨政府原本希望能夠不破壞原有的政治權力結構，又能增選反對派領袖入閣，但事與願違。

走進公領域的選擇，取決於人們保有私領域的能力。

我們必須能夠自己決定何時現身參與、何時隱匿自身，才是擁有自由。

| 第十四課 |

維護私人生活

齷齪的統治者會利用一切與你相關的資訊讓你就範。請定期掃描自己的電腦是否有惡意軟體。記住，電子郵件幾乎毫無安全性。可以考慮改用其他不同於現行的方式使用網路，或乾脆少用；私人信息的交換務必當面進行。基於同樣的理由，若你有法律糾紛，請務必解決。獨裁暴君會尋找任何可利用的把柄來控制你。切莫使其有機可趁。

偉大政治思想家漢娜・鄂蘭所說的「極權主義」（totalitarian-ism），並非指無所不能的國家，而是指私人與公眾生活之間的界線被抹除。唯有掌控個人資訊及他人得以在何種情況之下取得這些資訊的權利，我們才是自由的。不過在二〇一六年美國總統大選期間，我們非但沒有留意電子隱私權受到侵害，還視之為常態，而往極權主義靠近了一步。

無論侵犯隱私的人是美俄的情報單位還是其他組織，此種竊取、公開討論、發布私人通訊內容的行為，都摧毀了我們基本權利的基石。若沒有掌握誰在何時能讀到什麼資訊的控制權，我們當下便無法採取任何行動，或為了未來安排應變措施。周知你隱私之人能侮辱你、隨意破壞你的人際關係。沒人（也許除了暴君本人）能在將個人資訊暴露於公眾之中的惡意政策下，還能擁有私人生活。

在二〇一六年美國總統大選中出現的電子郵件風波[1]，除了侵犯隱私，也是擾亂視聽的強大烏賊戰術。在一種情況下寫出的文字，只在該脈絡下才有它的意義。凡是將原句斷章取義置入其他脈絡中的行為，都是曲解原意。更糟的是，當媒體把電郵門事件當作新聞一樣關注報導時，背叛了他們傳達真相的使命。很少記者費心說明牽涉其中之人在事件發生當時說的話、做的事。於此同時，在將侵犯他人隱私之事當作新聞報導的情況下，媒體放任自己從他們每日真正該做的本業上分心。比起侵犯基本權利的問題，我們的新聞媒體更傾向不費腦力地滿足我們對他人外遇八卦的下流天性。

鄂蘭認為，我們喜歡窺探祕密的天性在政治上是危險的。極權主義抹除公領域與私領域的疆界，不僅是為了剝奪每個公民的自由，也讓整個社會遠離正常的政治活動往陰謀論靠攏。我們被隱匿的「現實」與試圖解釋一切事物的暗黑陰謀論誘惑，而不去明辨事實或理出應有的解釋。正如我們在電郵門事件中學到的，這樣喜歡窺探祕密的機制，即使在被揭露的內容毫不有趣的情形下也能發揮作用。揭露機密檔案的過程本身就成了一個故事（令人驚訝的是，新聞媒體在這件

❶ 譯注：美國法律規定，為保護國家資安，官員須使用政府提供的電子郵件帳號聯絡公務。二〇一五年三月電子郵件爭議公開披露，指出希拉蕊・柯林頓在任國務卿期間以私人信箱處理公務。在國務院開始調查之前，希拉蕊團隊將其中一半的郵件（約三萬多封）以涉及私人生活為由刪除，因而引發外界揣測。調查的最後結果為不建議起訴。

事情上的表現，竟然比影劇版和運動版的記者更糟糕。影劇版的記者知道模特兒正在後台脫衣服，運動版的記者知道運動員正在更衣室沖澡，但都不會讓這些私人事件取代他們該報導的公眾消息）。

當我們在獨裁暴君與情報單位選擇的特定時刻，對事件之間的陰謀關聯投入更多關注，我們也就參與了自身家園政治秩序的摧毀。當然，我們可能會覺得自己做的事跟其他人毫無二致。這是事實——而這即是鄂蘭所說的，社會退化為「暴民」（mob）的過程。我們可試圖用保衛個人電腦不被入侵的方式，獨立解決這問題；也可以試著集眾人之力，例如藉由支持那些關注人權的組織，來共同解決問題。

| 第十五課 |

為好事盡一分力

在能夠表達你價值觀的組織中積極行動，無論是否與政治相關。選取一、兩個慈善組織，以自動轉帳的方式資助他們。如此一來，你的選擇就支持了公民社會，也幫助了他人做好事。

令人欣慰的是，無論採用什麼途徑，你都能幫助他人行善。在我們之中有很多人，都擁有資源支持廣大慈善網路的其中一部分。美國過去的一位總統稱這些組織為「千盞光芒」❶。在天色即將黑暗之際，這些燈光宛如點點繁星，顯得最為耀眼。

想到自由，美國人通常都會浮現一位孤獨英雄對抗一整個強大政府的畫面。我們經常會說，個人應該擁有對抗政府權力的力量。這樣的想像固然很好，但自由的元素之一是人民的自發結社；捍衛自由的

❶ 譯注：英語世界長久以來均以黑暗裡的光比喻行善與希望。美國第四十一屆總統老布希（George H. W. Bush）在一九八九年演講文稿中首次將美國的慈善組織譬為「散播於廣袤平靜夜空中的千盞光芒（a thousand points of light）」，之後並多次使用「千盞光芒」一詞，使此語在美國聞名。

方式之一正是透過群體來保衛其成員。因此，我們應該參與那些讓自己或親朋好友感興趣的活動。活動不一定要有明顯的政治意涵。捷克異議人士哈維爾以啤酒會友的做法，就是很好的例子[2]。

只要我們以參與公共活動為榮，並認識其他相同態度的人，我們就是在創造公民社會。與他人共同承擔一個志業，能夠讓我們學習到可信任的對象不僅限於身邊少數親朋好友；也能幫助我們認識不同專家，從他們身上汲取經驗。彼此信任與學習的過程，會讓生命不再那麼混沌而蒙昧不明，讓真正的民主政治離我們更近，讓人們更願意參與。

過去東歐的異議人士在反抗共產黨時，面對的是比我們更加惡劣的環境。他們發現，那些乍看非關政治的公民社會活動，其實是人民發聲的途徑，也是保障自由的方式。他們說得沒錯。在二十世紀，每一個傷害自由最甚的政權，都對非政府組織、慈善團體，以及類似單位抱持敵意。共產黨要求這類團體必須向官方登記，並將組織轉變為控制人民的機構。法西斯創造了所謂的「團合主義」（corporatism）❸系統，將一切人類活動分配至適當的位置，臣服於黨國體制的安排。

❷譯注：極權政府大半非常害怕人民結社，然而某些無法禁止的文化往往成為孕育公民社會的土壤。共產政權掌權時，在酒館喝啤酒是捷克人最流行的活動，啤酒是捷克人的情感認同。喝啤酒聊八卦與政治，成為捷克草根民主的形式；而消費啤酒的底層民眾也成為促使東歐共產政權倒台的草根力量。哈維爾宴請外賓時時常選擇啤酒館。柯林頓、葉爾欽等他國元首都曾被他邀至捷克街上的酒館喝酒，酒館可說是共產政權下的「民主聖地」。（感謝東吳大學中東歐研究中心鄭德興老師提供寶貴見解）。

即使是當今的威權政府（印度、土耳其、俄羅斯），也依然對自由結社與非政府組織這類概念非常敏感。

❸ 譯注：一種將社會團體納入政治體系，增進社會與政治穩定的體制。例如建立制度化的協商體系，將資方、工會等代表不同利益的團體一同整合進入經濟決策圈，以協商結果作為政策方向。許多威權國家則藉此名義，進一步操控組織。它們會管控民間組織的許可證、由官方指派組織領導人，使所有社會與經濟組織落入政府掌控。

| 第十六課 |

學取他國經驗

與旅外的朋友保持聯繫，或結交在外國的新朋友吧。美國當下的困境乃是世界整體趨勢的一部分，沒有任何一個國家能靠一己之力找到解決的方法。請確保自己和家人都持有護照。

在川普總統當選之前，許多美國記者錯估了情勢。當他跨越一道道障礙，積累一次次凱旋的時候，我們的評論家們則信誓旦旦地保證，美國擁有許多良好的體制，將會在下個階段阻止他的腳步。

在此同時，一群來自東歐的觀察家以及研究東歐的學者們，卻提出了截然不同的看法。在這些人眼中，川普總統的競選過程中有許多環節與歷史似曾相識，最後的結果也並不令人意外。烏克蘭與俄羅斯的記者早就嗅到了中西部各州的風向，他們提出的看法，比那些以研究美國政治維生的本土民調專家更貼近現實。

在烏克蘭人眼中，電子情報戰與假新聞的威脅顯而易見，美國人的反應卻慢得可笑。

俄羅斯在二〇一三年對烏克蘭展開宣傳戰的時候，年輕一輩的烏克蘭記者等人立刻發布訊息，指出新聞中的不實之處，作風立即而果斷，有時還帶著幽默感。後來俄羅斯一方面入侵烏克蘭，一方面又將之前對付烏克蘭的許多宣傳手段，用在美國人身上。

二〇一四年，俄羅斯媒體謊稱烏克蘭軍將一名小男童釘死在十字架上，烏克蘭人很快就成功澄清謠言（至少在烏克蘭境內相當成功）。然而到了二〇一六年，俄羅斯媒體報導候選人希拉蕊染上重症（理由是她在一封郵件中提到了自己的「決策疲勞」，但此現象並非疾病）[1]，美國人卻將這則錯誤訊息傳了開來。俄羅斯無法在鄰國烏克蘭成功扶植傀儡政權，卻看見他們喜歡的候選人贏得美國大選。在此意義上，烏克蘭人贏了，美國人輸了。

這件事值得我們停下來認真思考。在過去很長一段時間中，歷史的潮流看起來都是從西方流向東方，如今這流向似乎逆轉了。每一件在西方發生的事件，東方似乎都早有先例。

大部分美國人沒有護照一事，已成為美國民主的問題。有時候美國人會說他們不需要旅行證件，他們寧願留在美國，誓死守護自由直到最後一刻。

❶ 譯注：二〇一六年，維基解密在推特上公布希拉蕊的一封回信，並說希拉蕊有「決策疲勞」疾病，甚至還在服藥，但決策疲勞其實是消費或決定時面對太多選項，難以下決定的正常心理現象。

這種說法很冠冕堂皇，但有個嚴重的漏洞。捍衛自由民主的戰爭將是一場持久戰。即使過程中需要我們犧牲，我們也必須首先持續關注世界各國的動態，才能明白我們要抵禦的究竟是什麼、要怎麼對抗最有效。

護照非但不是投降的象徵，反而能夠給我們自由，獲得全新的體驗，讓我們看見其他國家的人民如何因應類似的問題。有時，他們比我們更有智慧。

鑑於近幾年發生的許多事件與其他國家或近代歷史相當類似，我們務必仔細觀察，並聆聽其他人的經驗。

| 第十七課 |

注意危險的政治用語

對極端主義或恐怖主義這類詞語保持警覺。對緊急狀態或例外狀態這些危險字彙保持敏感。對狡詐濫用的愛國語言表達憤怒。

納粹政權中最聰明的知識分子，法學家卡爾・施密特（Carl Schmitt）曾清楚地解釋過法西斯統治的精髓。他說，摧毀一切規則的方法，就是將重點放在「例外」這個概念上。納粹領袖克敵制勝的祕訣，就是先讓人民相信當下的時局是例外狀態，再將例外狀態轉變為永久的緊急危難。如此一來，人民便會為了求取虛假的安全，放棄真實的自由。

當下政治人物所說的恐怖主義，的確具有真正的危險。但如果他們嘗試要求我們在安全的名義下捨棄自由，我們就得小心。這兩者之間沒有必然的取捨問題。有時候，我們的確藉由失此以得彼，有時候則不然。言之鑿鑿地說你一定要犧牲自由才能保障安全的人，通常是想同時奪走兩者。

失去自由卻未獲得更多安全的情況，是絕對可能的。臣服於權威之下可能讓人覺得安適，但這並非真正的安全。同理，獲得一點點自由可能會讓人不安，但這種暫時性的不安其實並不危險。我們能夠輕易想像讓我們同時失去自由與安全的某些狀態：譬如，與會施暴的伴侶交往，或者投票給法西斯主義者。同樣地，我們也完全不難想像，怎樣的抉擇能夠同時增進自由與安全：譬如，與施暴伴侶分手，或者搬離法西斯國家。同時增進人民的自由與安全，是政府的任務。

極端主義聽起來已經很糟糕，但政府經常在同一個句子裡加上恐怖主義，聽起來更令人不舒服。然而，這個詞本身幾乎毫無意義，因為世上沒有任何學說叫做極端主義。如果獨裁暴君提到極端主義分子，他們只是要說某些人屬於非主流，並且定義當時何者才屬於主流。

二十世紀的異議人士，無論反抗的是法西斯還是共產主義，都被稱為極端主義分子。現代威權國家（例如俄羅斯）則會控批評其政策的人以極端主義的罪名。

在這樣的定義下，極端主義幾乎可以用來指涉一切事物，除了那個真正極端的東西：獨裁暴政。

| 第十八課 |

在難以想像的事發生時保持冷靜

現代暴政的本質就是恐懼管理（terror management）[1]。發生恐怖攻擊時，請記住，威權政府會利用這些事件來鞏固其權力。利用突如其來的災難終結權力制衡、解散反對黨、終止言論自由、剝奪人民受公平審判的權利等等，都是希特勒式的老把戲。千萬不要上當。

國會縱火案是希特勒政府的關鍵時刻。主要以民主程序獲得執政權的納粹黨，透過這次事件將國家轉變為永久性的邪惡納粹政體，這便是恐懼管理的典型例子。

一九三三年二月二十七日，約莫晚間九點，德國柏林的國會大樓燒了起來。究竟是誰在夜裡縱火？我們不知道，而其實這也不重要。重要的是，這場恐怖事件讓國家進入緊急狀態。

❶ 譯注：社會心理學名詞，指人類面對死亡威脅時造成的心理行為變化。人類面臨恐懼時會更加保護自己的世界觀與立場，並且大幅增加支持魅力型領袖的可能性。

希特勒欣喜地看著夜裡的熊熊大火說：「這場火只是開端。」無論縱火的人是不是納粹，這次事件都在希特勒眼中成為政治變革的機會。他說：「不能再對敵人手下留情。凡是阻擋我們前進的人，全都要剷除。」事發隔天，政府發布了一道命令，中止所有德國人民的基本權利，並允許警方進行「預防性羈押」。由於希特勒宣稱大火乃是德國敵人所為，納粹黨趁勢而起，在三月五日的國會大選中獲得決定性大勝。

大選之後，德國警方與納粹民兵開始圍捕左翼政黨黨員，關押於集中營中監控。三月二十三日，改組後的國會通過《授權法案》（*Ermächtigungsgesetz*），允許希特勒任意制定與修改法律（rule by decree）。自此之後，德國維持了十二年的「緊急狀態」，直到二戰結束。希特勒利用一場本身意義並不大的事件，建立了屠殺百萬人類的恐怖政權，改變了整個世界。

如今的威權統治者也在實行恐懼管理，唯一的差別是，他們的方法比起過去更別出心裁。川普總統讚譽有加的俄羅斯當局就是一個好例子。普亭（Vladimir Putin）❷不僅透過與德國國會縱火案如出一轍的恐攻事件上台掌權，之後更利用一連串的「恐怖攻擊」事件（有些是

---

❷ 譯注：俄羅斯現任（二〇一二—）總統。自葉爾欽委任之後擔任總理，之後並為代總統。二〇〇〇年當選總統之後卸任總理。二〇〇四年連任總統，因連選連任的憲法限制而在二〇〇八年卸任，指定接班人梅德維傑夫（Dmitry Medvedev）接棒。梅德維傑夫當選二〇〇八年總統，並指定普亭再次出任總理（二〇〇八—二〇一二）。二〇一二年普亭再次競選總統並當選。

真的，有些很可疑，有些根本是假的）掃除各種阻礙，獲得俄羅斯國內的全部權力，並攻擊鄰近的民主國家。

失勢的總統葉爾欽[3]在一九九九年八月指定普亭為總理。當時普亭沒沒無名，支持度也毫不起眼。他上任次月，俄羅斯境內許多城市發生一連串似乎由俄羅斯祕密警察犯下的炸彈攻擊。事件發生之後，他們的同僚便掌握了犯罪證據，逮捕了自己的弟兄。在另一樁案件中，國會發言人甚至在爆炸案發生前幾天就發布了相關的公開消息。儘管如此，普亭仍然對車臣境內的俄羅斯穆斯林展開復仇戰爭。他保證會追出兇手，將他們「狠狠揍進糞坑裡」。

就這樣，整個俄羅斯動員了起來，普亭的支持度一飛衝天，次年三月在選舉中贏得總統大位。到了二〇〇二年，莫斯科歌劇院遭受真正的恐怖攻擊，俄羅斯維安部隊在鎮壓期間造成大量平民死亡。此時普亭再次把握機會，將民間電視媒體的控制權抓入手中。二〇〇四年，俄羅斯南部貝斯蘭市（Beslan）的一間學校遭恐怖分子劫持之後（奇怪的是，政府處理事件時似乎挑釁了歹徒），普亭廢除了地方首長民選的制度。無論是普亭的掌權過程，還是清除國內兩大制衡機制的方式（民間電視媒體，以及民選地方首長），都利用了包括真實、可疑，或偽造的恐怖攻擊。

❸譯注：Boris Yeltsin，俄羅斯首任總統。推動市場經濟，造成蘇聯解體，任內民意大幅滑落，在二〇〇〇年前夕宣布辭職，將職位交給當時的總理普亭代任。

二〇一二年普亭再次當選總統之後，俄羅斯將恐懼管理引入外交政策中。二〇一四年入侵烏克蘭時，俄羅斯將正規軍改造成恐怖分子武裝部隊，拔除軍服上的徽章，且拒絕為他們入侵時引發的一切可怕苦難負責。在入侵烏克蘭東南方頓巴斯（Donbass）[4]的戰爭中，俄羅斯則使用了車臣非正規軍，又特意選擇駐紮在穆斯林地區的正規軍人上戰場。除此之外，俄國政府甚至還嘗試操弄烏克蘭二〇一四年的總統大選（但沒有成功）。

二〇一五年四月，俄羅斯駭客駭進一家法國電視台，扮成伊斯蘭國的「數位哈里發」（cybercaliphate），播放刻意引起恐慌的資訊，讓法國人更加害怕恐怖攻擊，藉此驅使民眾投票給俄羅斯金援的極右派政黨「民族陣線」（Front National）。二〇一五年十一月，巴黎發生恐攻，一百三十人喪生，三百六十八人受傷。一名與克里姆林宮關係密切的俄羅斯智庫創辦人欣喜地表示，恐怖攻擊會將歐洲推往法西斯與俄羅斯的懷抱。換句話說，西歐發生的伊斯蘭恐攻／假恐攻事件，被視為符合俄羅斯的利益。

二〇一六年初，俄羅斯又在德國散播虛假的恐懼情緒。俄國轟炸敘利亞平民，迫使穆斯林難民逃往歐洲，同時在德國搬演一齣羅生

❹ 譯注：二〇一四年初，烏克蘭東南方的克里米亞遭無徽章的武裝部隊占領，不久後通過獨立公投，並加入俄羅斯聯邦。西方各國援引納粹德國併吞奧地利的公投例子，指克里米亞公投無效。但之後烏克蘭東部多處爆發示威，要求與克里米亞同樣公投獨立入俄，烏克蘭國民衛隊鎮壓時與民眾爆發衝突。五月二十五日烏克蘭總統選舉時親俄武裝部隊與烏克蘭軍開始戰爭，平民傷亡不斷擴大，九月五日在明斯克簽署和平協議，但在美俄分別陸續給予支援後，武裝衝突仍然持續。

門，誘導德國人相信穆斯林會強姦幼童。俄羅斯這次目的似乎同樣又是要顛覆民主制度，讓人民支持極右派政黨。

二〇一五年九月，德國政府宣布將接納五十萬敘利亞戰爭難民入境。在那之後，俄羅斯開始刻意轟炸敘利亞平民區。他們製造出難民之後，就開始散播相關的謊言。二〇一六年一月，俄羅斯大眾傳媒報導，一位失蹤的俄裔德國女孩被多名穆斯林移民輪姦。事件發生後，德國境內的右翼組織以超乎想像的速度組織了抗議活動。當地警方告訴民眾輪姦乃子虛烏有，俄羅斯媒體卻一口咬定警方掩蓋事實。就連俄羅斯的外交官都涉入了這場超級大戲。

當美國總統與國家安全顧問宣布將與俄羅斯聯手反恐，他們其實是要用恐懼管理來影響美國人民：利用真實、可疑，或偽造的恐怖攻擊，削弱民主的力量。根據俄羅斯政府的紀錄，川普總統與普亭之間的第一通電話說得非常明白：他們兩位「同意攜手對抗最大的共同敵人：國際恐怖主義與極端主義」。

對獨裁暴君而言，從德國國會縱火案學到的一課是，只要一場令人震驚的事件，就能帶來永遠的臣服。而縱火案給我們的教訓則是，絕對不能讓當下的恐懼與悲痛情緒摧毀我們的體制。

勇敢的意義，並非不會害怕或不會悲傷；而是在恐怖攻擊的當下，在看似最艱難的時間點，立刻辨認出恐懼管理的手段，拒絕被它操弄。美國第四任總統詹姆斯・麥迪遜（James Madison）曾精準指出，獨裁暴政誕生於「某些可以利用的緊急狀態」。而在德國國會大火後，漢娜·鄂蘭寫道：「我不再認為有誰可以當個局外人。」

｜第十九課｜

當個愛國者

以身作則，讓未來的一代代人在我們身上看見美國的意義。他們會需要的。

愛國主義是什麼？讓我們先從什麼不是愛國主義談起。

逃避兵役、嘲笑戰爭英雄與其家人是不愛國的。在自己的公司裡歧視現役軍人❶、發起活動驅離身障老兵是不愛國的❷。一個越戰時逃掉兵役的人，把在紐約尋找性伴侶的「戰績」拿來跟越戰士兵的表現相提並論是不愛國的❸。逃稅是不愛國的，尤其美國的勞工家庭都有

❶ 譯注：一九八八年，川普買下美國東方航空公司後，以某位員工參加軍校訓練，無法在公司移轉當日赴任為由而拒絕聘雇。二〇〇七年，川普大學又以員工被派至戰場為由，在回國之後解聘之。

❷ 譯注：一九九一年，川普與幾位紐約商業領袖共同發起倡議，希望市政府驅離第五大道上的攤販。紐約市發給身障退伍軍人持有的許可證，讓他們可以在市中心擺攤，但川普認為這會傷害城市形象與當地企業。

❸ 譯注：一九九七年川普受訪時，曾說自己年輕時性生活豐富卻未染病，就像是越戰士兵一樣偉大。「我們每個人都有自己的越戰：約會遊戲就是我們的戰場。」

繳稅[4]。讓那些認真工作，依法繳稅的美國家庭資助總統大選經費，之後卻將捐款轉入私人公司，是不愛國的。

稱讚其他國家的獨裁領袖是不愛國的。與格達費（Muammar Gaddafi）[5]建立友誼是不愛國的。將巴夏爾．阿薩德（Bashar al-Assad）[6]與普亭稱為傑出領袖是不愛國的。請俄羅斯干預美國總統大選是不愛國的。在造勢大會引述俄國官方宣傳媒體的資料是不愛國的[7]。和俄羅斯寡頭政府聘用同一位顧問是不愛國的[8]。向握有俄羅斯能源公司股票的人徵詢外交建議是不愛國的。讓一位在俄國能源公司薪資單上出現的人幫你寫外交政策講稿是不愛國的[9]。把俄國宣傳部門資助的人選指定為國家安全顧問，是不愛國的[10]。指定投資俄羅斯、執掌俄美跨國能源公司並獲頒普亭「友誼勛章」的石油商人為國務卿[11]，是

❹ 譯注：一九九五年，川普申報一項九．一六億美元的鉅額虧損。之後十八年內，每年因此抵銷超過五千萬美元的應稅收入。

❺ 譯注：利比亞前獨裁領袖。推翻利比亞王國，實行軍事統治長達四十二年。利用控制油價大幅提升國民生活水準，同時也殘酷壓迫反對聲音。過去支持恐怖主義，後轉為西方國家在阿拉伯世界的盟友。國民抗議時拒絕下台，成為阿拉伯之春過程中第一位被殺的領導人。二〇一六年六月，BuzzFeed報導川普多年以來一直尋求機會與格達費面談，希望與利比亞政府建立投資夥伴關係。

❻ 譯注：敘利亞獨裁領袖。前領導人哈菲茲．阿薩德（Hafez al-Assad）之子。二〇一一年敘利亞爆發大型示威活動，訴求由民主改革逐漸變為推翻阿薩德政權。阿薩德拒絕下台並武力鎮壓群眾，引發敘利亞內戰。因阿拉伯地區諸勢力與美俄等大國的介入，敘利亞成為代理戰爭的戰場，持續至今。二〇一六年九月，川普接受福斯新聞訪問時，表示阿薩德「領導能力可以拿A，我們的總統就差多了」。二〇一五年十二月川普接受前共和黨議員，主持人喬．史卡波羅（Joe Scarborough）訪問，稱讚普亭的領導能力，稱其：「既然能持續管理國家，至少一定是個領袖。我們的總統可不是這樣。」

❼ 譯注：川普在二〇一六年十月的一場造勢大會上引述一份電子郵件，指稱希拉蕊可能必須為美國駐利比亞大使與三位美國人之死負責。但該文件內容有誤，而川普引述之錯誤內容與俄國資助的網站Sputnik相同。

不愛國的。

然而問題的重點並不在俄羅斯與美國是否必須對立。重點在於愛國的人必須為自己的國家謀福利。

我們的總統是國家主義者，但國家主義者並不等於愛國者。國家主義者鼓勵我們露出最壞的一面，然後說我們是最優秀的民族。歐威爾寫道，國家主義者「雖然無止盡地渴求權力、勝負、復仇」，卻往往「對真實世界發生的事情不感興趣」。國家主義是一種相對主義，它們唯一真實的，就是看著別人的時候產生的憤恨情緒。南斯拉夫小說家丹尼洛・契斯（Danilo Kiš）指出，國家主義「缺乏普世價值、缺乏美感、缺乏道德」。

❽ 譯注：川普競選時期任期最長的顧問之一麥可．卡布托（Michael Caputo）在一九九四年曾任葉爾欽顧問，並協助葉爾欽當選第二任俄羅斯總統。二〇〇〇年在俄羅斯媒體公司協助普亭經營形象。

❾ 譯注：川普競選時的第一份外交政策講稿，被媒體揭露出自外交官理查．伯特（Richard Burt）之手。二〇一六年上半年，伯特因替俄歐之間輸油管遊説，獲俄國國營能源公司Gazprom旗下子公司New European Pipeline AG支付三十六萬五千美元酬勞。

❿ 譯注：川普當選後，指定競選時的軍事顧問，前美國國防情報局局長麥可．弗林（Michael Flynn）出任國家安全顧問。弗林在擔任競選顧問前兩個月，曾因在俄羅斯國營媒體演講，自該公司獲得三萬三千美元酬勞。此外，亦因二〇一六年為土耳其政府遊説，獲土耳其五十三萬美元酬勞。弗林在二〇一七年二月十三日辭職並接受調查，成為史上任期最短的國家安全顧問。

⓫ 譯注：川普當選後，指定埃克森美孚石油公司（Exxon Mobil Corporation）董事長兼執行長提勒森（Rex Tillerson）出任國務卿。該公司二〇一一年與俄羅斯最大的國有石油公司簽訂能源合作協議，價值五千億美元。二〇一三年獲普亭頒發友誼勳章（Order of Friendship）。

相較之下，愛國者希望國家能夠實現理想，因此要求每個人活出最好的自己。愛國者必須要關注真實世界。只有在真實世界中，他的國家才能被愛，才能存在。愛國者相信普世價值，這是他們評判自己國家的標準。他們總是希望國家能有良好表現，並希望它未來能夠更加優秀。

民主曾於一九二〇年代、一九三〇年代、一九四〇年代的歐洲失敗過。如今它不僅在大半個歐洲，更在世界的許多角落逐漸衰落。過去的歷史與經驗，讓我們能夠看見未來可能遇到的黑暗危機。國家主義者會說這種事「不可能在這裡發生」，而這正是走向悲劇的第一步[12]。愛國者則會說，這種事有可能在這裡發生，但我們會挺身阻止。

⓬ 譯注：原文暗指辛克萊・路易斯（Sinclair Lewis）一九三五年出版的短篇小說《不可能在這裡發生》（*It Can't Happen Here*）。故事講述一位煽動型政客，以傳統價值捍衛者的姿態出現，承諾激烈的改革以當選美國總統。當選後，他將國家逐步轉變為法西斯政體。

| 第二十課 |

盡你所能保持勇氣

如果沒有人願意為了捍衛自由而死，所有人都將死於暴政。

| 結語 |

歷史與自由

莎士比亞劇作《哈姆雷特》(*Hamlet*)的主角是個秉性正直的人。當邪惡統治者驟然掌權,他自然大為震驚。他被幻象縈繞,受夢魘踐踏,在孤獨無援之境,意識到必須重建自己的時間感。哈姆雷特說道:「時代已經大亂,啊可惡的命運,竟然注定要我扭轉乾坤❶!」

如今我們的時代顯然也已經大亂。過去我們曾因某些原因遺忘歷史的教訓,現在若不夠謹慎,便會在其他因素下再次無視歷史的提示。如果想與自由重締新約,我們就必須修復自己的時間感。

❶ 譯注:《哈姆雷特》第一幕第五景。本書採彭鏡禧譯文(《哈姆雷》,聯經出版,二〇一四年)。

直至不久前，美國人都騙自己說太陽底下沒有新鮮事。過去法西斯主義、納粹主義，與共產主義造成的傷痛似乎太過遙遠，彷彿都已褪為無關緊要的往事。我們允許自己接受「必然式的政治觀」（politics of inevitability），認為歷史只會朝單一方向前進，必定逐步走向自由主義的民主制（liberal democracy）。在共產主義於一九八九至一九九一年的東歐迎接末日之後，我們就沉迷於「歷史終結」的迷思中[2]，於是降低了心中的防禦、窄化了想像力，為那些我們告訴自己不可能重臨的暴政體制開道。

誠然，「必然式的政治觀」乍看之下就像是一種歷史觀。必然式政治觀的信徒，並不否認過去／現在／未來的差別，甚至也會同意人類在遙遠的過去曾經有過多采多姿的各種政治形式，但他們認為，當下的時刻只不過是邁向既定未來的一小步，只不過是全球化更擴張、理性更加深化、經濟更加繁榮的一小步。這種思維叫做「目的論」（teleology），它認為歷史會朝向某個既定目標前進，而且這個目標通常令人嚮往。共產主義也是一種目的論，它說社會主義的烏托邦終有一天會到來。然而，當共產主義的美夢在四分之一個世紀前破碎，我們卻做出了錯誤結論——我們不但沒有放棄目的論，反而認為自己的版本才是正確的。

❷ 譯注：一九八九年柏林圍牆倒塌後，政治學者法蘭西斯·福山（Francis Fukuyama）在期刊上發表〈歷史的終結？〉（The End of History?）論文，隨後又將概念擴寫為書《歷史之終結與最後一人》（*The End of History and the Last Man*）。福山根據黑格爾的演繹，衍生認為自由主義民主制與資本主義是人類社會最有效的組織形式，故之後將不再有新的政治社會體制。

必然式的政治觀是讓自己的思維停滯的方式。只要共產主義者與資本主義者的系統還在競爭，只要法西斯主義與納粹主義的記憶依然猶新，美國人就必須提撥心神回觀歷史，將過去的概念保存下來，藉以想像未來的其他樣貌。然而，我們一旦接受了必然式的政治觀，就會以為歷史再也無關緊要。如果過去的一切都遵循某種已知的趨勢，我們就不需要了解其中的細節。

必然式的政治觀，扭曲了我們談論二十一世紀政治狀況的方式。它不但扼殺了討論政策的空間，還容易讓政黨系統變成其中一個政黨想維持現狀，另一個政黨則完全否定。它讓我們習慣認為一切事物的基礎規律都是「必然如此的」。立陶宛政治理論家利奧尼達斯・丹思基斯（Leonidas Donskis）[3]稱這種觀點為「液態之惡」（liquid evil）。

我們一旦認為一切都是必然的，政治批評就會失去施力點。許多看似提出批評分析的言論，都因為預設現況不可能改變，反而間接使得必然性的思維更加強大。

例如有些人會批評新自由主義（neoliberalism），批判自由市場的意識形態以某種方式驅逐了其他一切經濟秩序。他們的批判固然所言不虛，但光是沿用這個詞，通常就已經是在不容挑戰的政經霸權面前俯首稱臣。此外有些評論家，會借用一個分析科技創新的語彙，認為政治局勢需要「破壞」（disruption）。但這個詞搬到政治領域後，

❸ 譯注：當代歐洲重要思想家之一。研究歷史哲學、文化哲學、政治理論等等。曾任歐洲議會議員。

又帶著相同的隱義，認為世上的一切都不可能真正改變，所有刺激我們的混沌亂象，最終都會被自我調控的系統吸收。在足球場上裸奔鬧場的人，當然會破壞賽事，但並不會改變比賽規則。「破壞」這個概念，本身就意味著不成熟——它假設在青少年搞砸事情之後，成人就會過來清理善後。

但是現實世界並沒有「成人」。我們得自己收拾殘局。

第二種反歷史式的回顧過去方式，是「永恆式的政治觀」（politics of eternity）。永恆式政治觀和必然式政治觀，都是掩蓋歷史真實的面具，只是方式不同。雖然它重視過去發生的事，但只熱中於自己的版本，不去看真正的歷史事實。它總是懷念那些過去並未發生，而且事實上相當悲慘的「光榮時刻」❹。永恆式政治觀的信徒，把歷史描述得宛如一座廣袤的迷霧莊園，裡面全是模糊難辨的國家受難者紀念碑，每一座碑距離現在都同樣遙遠，每一座碑都同樣方便他們進行政治操弄。他們引述的每一則往事中，彷彿都有一些境外的敵人要傷害這個國家的純淨性。

訴諸民粹的國家主義者（National populists）相信永恆式的政治觀。這些人最愛引述一九三〇年代的往事：當時民主共和國似乎都被擊潰，納粹與蘇聯兩大敵人勢不可擋。如今那些倡議英國脫歐的人，說英國是民族國家，但這件事從來不曾為真。歷史上曾經有過一個大

---

❹ 審訂注：Make America Great Again!

英帝國，帝國瓦解之後變成英國，後來加入了歐盟。即使脫離歐盟，英國也無法回到過去，反而是冒險躍入未知的狀態中。令人不安的是，當英國法院判決脫歐程序需經下議院通過，某份英國小報竟然說法院是「人民之敵」（enemies of the people）——這是一九三〇年代蘇聯作秀公審使用的史達林式詞彙。同樣地，法國極右派政黨民族陣線（Front National）也以一幅虛構的戰前民族國家意象，煽動選民脫歐。然而無論法國還是英國，若不曾經歷帝國時期或歐洲跨國組織時期，如今都不可能存在。至於俄羅斯、波蘭、匈牙利的政治領袖，也用類似的方式緬懷一九三〇年代的光榮歷史。

在二〇一六年選戰中，川普喊出「美國優先」（America First）這句口號；過去曾有一個阻止美國對抗納粹的團體就叫這個名字[5]。

他的戰略顧問保證政府的政策一定會「和一九三〇年代一樣刺激」。此外，還有另一句口號：「讓美國再次偉大」（Make America great again），這句話中的「again」是指什麼？提示：看一看「別讓悲劇重演」（Never again）❻，你就會找到同樣的「again」。川普總統本人甚至把一九三〇年代的政體改變方式，當成解決當下問題的解藥：「你

---

❺譯注：美國積極參與一戰，付出巨大成本但未取得相符利益，引發國內巨大反彈。一九三〇年代早期，納粹陸續併吞歐洲各國，美國開始出現「美國優先」口號，主張孤立主義，反對國家插手歐洲事務。三〇年代後期議會陸續通過一系列中立法案。一九四〇年九月「美國優先委員會」（America First Committee）成立，成為二戰時最大反戰團體，會員最多高達八十萬人。「美國優先」口號因委員會中著名飛行英雄林白在演講時使用而廣為人知。一九四一年十二月七日，日本轟炸珍珠港，三天後此團體解散。

❻譯注：二戰時期集中營的反抗者與倖存者開始以「Never again」為反抗口號。二戰後這句話成為各國社會提醒人民六百萬猶太人遭屠殺的歷史記憶。

知道經濟崩潰，全國陷入地獄，一切慘不忍睹的時候，要怎麼解決嗎？」他認為我們需要的是「幾次暴衝，才能讓我們回到國家過去偉大的樣貌之時」。

永恆式的政治觀，會讓我們沉迷於神話式的往日故事，不再思考未來的可能性。習慣以受害者自居，會削弱我們修正自己錯誤的動力。如果國家的價值源自過去固有的美德，而非未來的發展潛力，政治就會變成爭執善惡的口水戰，不再討論真實發生的問題該如何解決。

如果國家永遠處於危機之中，人民永遠處於緊急狀態中，規劃未來就變得幾乎不可能，甚至反而顯得對國不忠。如果敵人永遠都在門前，我們要怎麼改革自己的國家？

如果說必然性的政治觀讓人陷入呆滯，永恆性的政治觀就是讓人陷入催眠：循環不已的往日神話宛如不停捲動的渦漩，釘住你我的目光，攝走我們的心神——然後我們就會聽從別人的命令，犯下令人震驚的大錯。

如今我們面對的危險是正在從必然性政治觀的道路上，走向永恆性的政治觀；從天真而不完美的民主共和國，走向混亂而犬儒的法西斯寡頭制。必然性的政治觀，在現今動盪的局勢中顯得極度脆弱。神話一旦被打碎，時代一旦亂了套，我們就會急忙尋找其他方式統整眼下的混亂。那條阻力最小的道路，會讓我們從必然性的政治觀，直接墜入永恆性的政治觀。

如果你曾經相信最終一切都會變好，如今你就會相信最終什麼都不會改善。

如果你曾經認為社會必然會不斷進步，因而沒有付出任何努力，如今你也可以繼續無所作為，因為你相信歷史必然循環。

必然性與永恆性的政治觀，都是反歷史的立場。而唯一能夠阻止我們陷入這兩個極端的力量，正是歷史本身。歷史讓我們辨認規律、讓我們做出判斷。它幫我們勾勒出世界的結構，讓我們在其中追求自由。

歷史讓我們回顧過去的關鍵時刻，看見每個事件雖然各自不同，但沒有任何一個事件真正獨一無二。我們一旦了解過去的事件，就能知道如何共同創造未來。

歷史賦予我們責任感，讓我們知道自己即使無法決定整體大局的走向，依然會左右每個瞬間的發展。波蘭詩人米沃什（Czesław Miłosz）認為，這種歷史的責任感正是對抗孤獨與冷漠的武器。過去的先人曾經付出更大的努力，遭遇更艱困的處境。有了他們的陪伴，我們便不再孤單。

我們這一代擁抱了必然式政治觀，讓下一代失去了歷史感。如今，必然式政治觀所允諾的美好未來顯然已經破滅。下一代的美國人將如何回應這個世界？也許他們會逐漸從必然墜入永恆。但即使如此，我們還是希望他們走上另一條道路，重拾歷史意識，拒絕上一代遺留的陷阱，不落於必然式和永恆式的政治觀。

我們可以確定，如果美國的年輕一代不開始締造歷史，歷史便將毀於必然式與永恆式政治觀的信徒之手。但是在締造歷史之前，美國的年輕人必須先了解歷史。這個時代不是終點，而是新的起點。

> 時代已經大亂，啊可惡的命運，竟然注定要我扭轉乾坤。

雖然哈姆雷特這麼說，但他最後的結論卻是：

不，咱們一起進去。

Timothy Snyder作品集 01
暴政：掌控關鍵年代的獨裁風潮，洞悉時代之惡的20堂課

2019年5月初版　　定價：新臺幣260元
2020年6月初版第十二刷

Printed in Taiwan.

著者	Timothy Snyder
譯者	劉維人
審訂者	許家豪
叢書編輯	黃淑真
校對	馬文穎
內文排版	林婕瀅
封面設計	許晉維

出版者	聯經出版事業股份有限公司
地址	新北市汐止區大同路一段369號1樓
叢書編輯電話	(02)86925588轉5322
台北聯經書房	台北市新生南路三段94號
電話	(02)23620308
台中分公司	台中市北區崇德路一段198號
暨門市電話	(04)22312023
台中電子信箱	e-mail：linking2@ms42.hinet.net
郵政劃撥帳戶第	0100559-3號
郵撥電話	(02)23620308
印刷者	文聯彩色製版印刷有限公司
總經銷	聯合發行股份有限公司
發行所	新北市新店區寶橋路235巷6弄6號2樓
電話	(02)29178022

副總編輯	陳逸華
總經理	陳芝宇
社長	羅國俊
發行人	林載爵

行政院新聞局出版事業登記證局版臺業字第0130號

本書如有缺頁，破損，倒裝請寄回台北聯經書房更換。　ISBN 978-957-08-5304-9 (平裝)
聯經網址：www.linkingbooks.com.tw
電子信箱：linking@udngroup.com

國家圖書館出版品預行編目資料

暴政：掌控關鍵年代的獨裁風潮，洞悉時代之惡的20堂課/
Timothy Snyder著．劉維人譯．初版．新北市．聯經2019年5月（民108年）．
208面．12.8×18公分（Timothy Snyder作品集 01）
譯自：On tyranny: twenty lessons from the twentieth century
ISBN 978-957-08-5304-9（平裝）
[2020年6月初版第十二刷]

1.專制　2.政治文化

571.7　　108005330